本書の特色と使い方

JN094499

教科書の学習進度にあわせて，授業・宿題・予習・復習などに使えます

教科書のほぼすべての単元を掲載しています。今，学習している内容にあわせて授業用プリントとして
お使いいただけます。また，宿題や予習や復習用プリントとしてもお使いいただけます。

本書をコピー・印刷して教科書の内容をくりかえし練習できます

計算問題などは型分けした問題をしっかり学習したあと，いろいろな型を混合して出題しているので，
学校での学習をくりかえし練習できます。
学校の先生方はコピーや印刷をして使えます。

「ふりかえり・たしかめ」や「まとめのテスト」で学習の定着をみることができます

「練習のページ」が終わったあと，「ふりかえり・たしかめ」や「まとめのテスト」をやってみましょう。
「ふりかえり・たしかめ」で，できなかったところは，もう一度「練習のページ」を復習しましょう。
「まとめのテスト」で，力だめしをしましょう。

「解答例」を参考に指導することができます

本書 p 90 ～「解答例」を掲載しております。まず，指導される方が問題を解き，本書の解答例も参考に
解答を作成してください。
児童の多様な解き方や考え方に沿って答え合わせをお願いいたします。

2年 ② 目 次

11 かけ算①
かけ算（1）

● 絵を 見て，□に あてはまる 数を 書きましょう。

① コーヒーカップに のって いる 人数は，

　1台に □ 人ずつ， □ 台分で， □ 人です。

② ジェットコースターに のって いる 人数は，

　1台に □ 人ずつ， □ 台分で， □ 人です。

③ 船に のって いる 人数は，

　1そうに □ 人ずつ， □ そう分で， □ 人です。

11 かけ算①
かけ算（2）

● 絵を 見て，□に あてはまる 数を 書きましょう。

①

ケーキは，

1さらに □ こずつ， □ さら分で， □ こです。

②

クッキーは，

1さらに □ まいずつ， □ さら分で， □ まいです。

③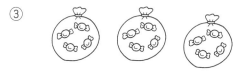

あめは，

1ふくろに □ こずつ， □ ふくろ分で， □ こです。

④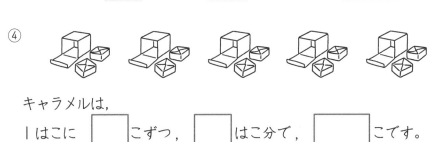

キャラメルは，

1はこに □ こずつ， □ はこ分で， □ こです。

11 かけ算①
かけ算（3）

● 絵を　見て，□に　あてはまる　数を　書きましょう。

①

子どもは，1台に □人ずつ，□台分で，□人です。

しき □ × □ = □

②

子どもは，1台に □人ずつ，□台分で，□人です。

しき □ × □ = □

③

子どもは，1台に □人ずつ，□台分で，□人です。

しき □ × □ = □

11 かけ算①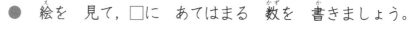
かけ算（4）

● 絵を　見て，□に　あてはまる　数を　書きましょう。

①

シュークリームは，

1はこに □こずつ，□はこ分で，□こです。

しき □ × □ = □

②

いちごは，

1さらに □こずつ，□さら分で，□こです。

しき □ × □ = □

③

ゼリーは，

1ふくろに □こずつ，□ふくろ分で，□こです。

しき □ × □ = □

 **かけ算①**
かけ算（5）

● 絵を　見て，かけ算の　しきに　書きましょう。

① おにぎり

しき □ × □ = □

② りんご

しき □ × □ = □

③ もも

しき □ × □ = □

④ せんべい

しき □ × □ = □

かけ算①
かけ算（6）

● 絵を　見て，かけ算の　しきに　書きましょう。

① 金魚

しき □ × □ = □

② クレヨン

しき □ × □ = □

③ カブトムシ

しき □ × □ = □

④ チューリップ

しき □ × □ = □

11 かけ算①
かけ算（7）

● 絵を　見て，かけ算の　しきに　書きましょう。

① みかん

しき 　□ 　×　 □ 　=　 □

② たこやき

しき 　□ 　×　 □ 　=　 □

③ たまご

しき 　□ 　×　 □ 　=　 □

④ チョコレート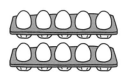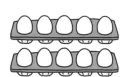

しき 　□ 　×　 □ 　=　 □

11 かけ算①
かけ算（8）

● 絵を　見て，かけ算の　しきに　書きましょう。

① プリン

しき 　□ 　×　 □ 　=　 □

② チューリップ

しき 　□ 　×　 □ 　=　 □

③ だんご

しき 　□ 　×　 □ 　=　 □

④ ドーナツ

しき 　□ 　×　 □ 　=　 □

7

● おはじきの　絵を　見て，かけ算の　しきに　書きましょう。

① 🌼🌼🌼🌼
🌼🌼🌼🌼🌼🌼🌼🌼

しき

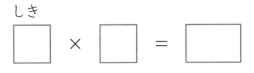

② 🌼🌼🌼🌼🌼
🌼🌼🌼
🌼🌼🌼🌼🌼

しき

③ 🌼🌼🌼🌼🌼🌼
🌼🌼🌼🌼🌼🌼
🌼🌼🌼🌼🌼🌼
🌼🌼🌼🌼🌼🌼

しき

④ 🌼🌼🌼🌼🌼🌼🌼
🌼🌼🌼🌼🌼🌼🌼
🌼🌼🌼🌼🌼🌼🌼
🌼🌼🌼🌼🌼🌼🌼
🌼🌼🌼🌼🌼🌼🌼

しき

① 1はこに　キャラメルが　8こ
入って　います。4はこでは，
キャラメルは　何こに　なりますか。

① しきを　書きましょう。

しき □ × □ = □

② 答えを　たし算で　もとめましょう。

しき □ + □ + □ + □ = □

③ 答えを　書きましょう。

 （　　　）に

② つぎの　かけ算の　答えを　もとめましょう。

① 7 × 5

② 9 × 4

11 かけ算①
かけ算 (11)

1　4cmの　2つ分の　長さは,
何cmですか。

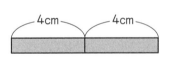

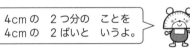
4cmの　2つ分の　ことを
4cmの　2ばいと　いうよ。

しき

答え _____

2　4cmの　3ばいの　長さは,
何cmですか。

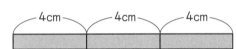

しき

答え _____

3　2cmの　5ばいの　高さは,
何cmですか。

しき

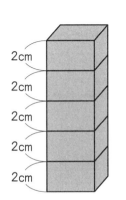

答え _____

---

11 かけ算①
5のだんの　九九 (1)

● 1かごに　みかんが　5こずつ　入って　います。

① 1かご分の　みかんの　数は,何こですか。

5 × 1 = ☐　☐ こ

② 2かご分の　みかんの　数は,何こですか。

5 × 2 = ☐　☐ こ

③ 3かご分の　みかんの　数は,何こですか。

5 × ☐ = ☐　☐ こ

④ 4かご分〜9かご分の　みかんの　数は,それぞれ　何こですか。

4かご分　　5 × ☐ = ☐　☐ こ

5かご分　　☐ × ☐ = ☐　☐ こ

6かご分　　☐ × ☐ = ☐　☐ こ

7かご分　　☐ × ☐ = ☐　☐ こ

8かご分　　☐ × ☐ = ☐　☐ こ

9かご分　　☐ × ☐ = ☐　☐ こ

11 かけ算①
5のだんの 九九 (2)

□ 5のだんの 九九の 答えを 書いて，れんしゅうしましょう。

① 5×1 = ☐　五一が 5

② 5×2 = ☐　五二 10

③ 5×3 = ☐　五三 15

④ 5×4 = ☐　五四 20

⑤ 5×5 = ☐　五五 25

⑥ 5×6 = ☐　五六 30

⑦ 5×7 = ☐　五七 35

⑧ 5×8 = ☐　五八 40

⑨ 5×9 = ☐　五九 45

② 5のだんの 計算を しましょう。

① 5×2

② 5×4

③ 5×8

④ 5×3

⑤ 5×1

⑥ 5×9

⑦ 5×5

⑧ 5×7

⑨ 5×6

---

11 かけ算①
5のだんの 九九 (3)

□ 1つの グループは，5人ずつです。
4グループでは，みんなで 何人に なりますか。

しき

答え ＿＿＿＿＿＿

② チョコレートが 5こずつ 入った はこが，6はこ
あります。チョコレートは，ぜんぶで 何こ ありますか。

しき

答え ＿＿＿＿＿＿

③ 5cmの 5ばいは，何cmですか。

しき

答え ＿＿＿＿＿＿

● 1台の 自てん車に 2人ずつ のって います。

① 自てん車が 1台では, 何人ですか。

$2 \times 1 = $ 〼 〼 人

② 自てん車が 2台では, 何人ですか。

$2 \times 2 = $ 〼 〼 人

③ 自てん車が 3台では, 何人ですか。

$2 \times $ 〼 $ = $ 〼 〼 人

④ 自てん車が 4台〜9台では, それぞれ 何人ですか。

4台	2 × 〼 = 〼		〼 人
5台	〼 × 〼 = 〼		〼 人
6台	〼 × 〼 = 〼		〼 人
7台	〼 × 〼 = 〼		〼 人
8台	〼 × 〼 = 〼		〼 人
9台	〼 × 〼 = 〼		〼 人

1 2のだんの 九九の 答えを 書いて, れんしゅうしましょう。

① $2 \times 1 = $ 〼 二一が 2

② $2 \times 2 = $ 〼 二二が 4

③ $2 \times 3 = $ 〼 二三が 6

④ $2 \times 4 = $ 〼 二四が 8

⑤ $2 \times 5 = $ 〼 二五 10

⑥ $2 \times 6 = $ 〼 二六 12

⑦ $2 \times 7 = $ 〼 二七 14

⑧ $2 \times 8 = $ 〼 二八 16

⑨ $2 \times 9 = $ 〼 二九 18

2 2のだんの 計算を しましょう。

① 2×2

② 2×3

③ 2×6

④ 2×8

⑤ 2×5

⑥ 2×9

⑦ 2×4

⑧ 2×1

⑨ 2×7

11 かけ算①
2のだんの　九九（3）

1　1この　コップに　2dLずつ　牛にゅうを　入れます。
　　コップは　6こ　あります。

① 牛にゅうは　ぜんぶで　何dL　いりますか。

しき

<u>　　　　　　　　　　　　</u>こた答え

② コップを　もう　1こ　ふやすと，牛にゅうは　何dL　多く
　なりますか。また，ぜんぶで　何dLに　なりますか。

（　　　　　）dL　多く　なり，ぜんぶで（　　　　　）dLに　なる。

2　ヨーグルトが　4パック　あります。　1パックに　2こずつ
　入って　います。ヨーグルトは　ぜんぶで　何こ　ありますか。

しき

<u>　　　　　　　　　　　　</u>こた答え

11 かけ算①
3のだんの　九九（1）

● おり紙を　1人に　3まいずつ　くばります。

① 1人に　くばると，おり紙は　何まい　いりますか。

　　　　　　　　　　　3 × 1 = ☐　　☐まい

② 2人に　くばると，おり紙は　何まい　いりますか。

　　　　　　　　　　　3 × 2 = ☐　　☐まい

③ 3人に　くばると，おり紙は　何まい　いりますか。

　　　　　　　　　　　3 × ☐ = ☐　　☐まい

④ 4人～9人に　くばると，おり紙は　それぞれ　何まい　いりますか。

4人	3 × ☐ = ☐		☐まい
5人	☐ × ☐ = ☐		☐まい
6人	☐ × ☐ = ☐		☐まい
7人	☐ × ☐ = ☐		☐まい
8人	☐ × ☐ = ☐		☐まい
9人	☐ × ☐ = ☐		☐まい

11 かけ算①
3のだんの 九九 (2)

なまえ

1 3のだんの 九九の 答えを
書いて, れんしゅうしましょう。

① 3×1 = ☐　三一が 3

② 3×2 = ☐　三二が 6

③ 3×3 = ☐　三三が 9

④ 3×4 = ☐　三四 12

⑤ 3×5 = ☐　三五 15

⑥ 3×6 = ☐　三六 18

⑦ 3×7 = ☐　三七 21

⑧ 3×8 = ☐　三八 24

⑨ 3×9 = ☐　三九 27

2 3のだんの
計算を しましょう。

① 3×3

② 3×2

③ 3×6

④ 3×7

⑤ 3×4

⑥ 3×9

⑦ 3×1

⑧ 3×8

⑨ 3×5

---

11 かけ算①
3のだんの 九九 (3)

なまえ

1 1この 高さが 3cmの つみ木を
つみます。

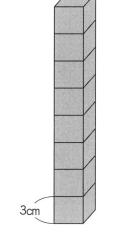

① 8こ つむと, 高さは
何cmに なりますか。

しき

答え ＿＿＿＿＿＿＿＿＿

3cm

② つみ木を もう 1こ ふやすと, 何cm 高く なりますか。
また, ぜんぶで 高さは 何cmに なりますか。

(　　)cm 高く なり, ぜんぶで (　　)cmに なる。

2 三りん車が 5台 あります。 1台に タイヤが 3こずつ
ついて います。 タイヤは ぜんぶで 何こ ありますか。

しき

答え ＿＿＿＿＿＿＿

11 かけ算①
4のだんの　九九（1）

● 1さらに　おにぎりが　4こずつ　のって　います。

① 1さら分の　おにぎりの　数は，何こですか。

　　　　　　　　　　　　4 × 1 = ☐　　　☐ こ

② 2さら分の　おにぎりの　数は，何こですか。

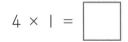
　　　　　　　　　　　　4 × 2 = ☐　　　☐ こ

③ 3さら分の　おにぎりの　数は，何こですか。

　　　　　　　　　　　　4 × ☐ = ☐　　　☐ こ

④ 4さら分〜9さら分の　おにぎりの　数は，それぞれ　何こですか。

4 さら分	4 × ☐ = ☐	☐ こ
5 さら分	☐ × ☐ = ☐	☐ こ
6 さら分	☐ × ☐ = ☐	☐ こ
7 さら分	☐ × ☐ = ☐	☐ こ
8 さら分	☐ × ☐ = ☐	☐ こ
9 さら分	☐ × ☐ = ☐	☐ こ

---

11 かけ算①
4のだんの　九九（2）

① 4のだんの　九九の　答えを　書いて，れんしゅうしましょう。

① 4 × 1 = ☐　　四一が　4
② 4 × 2 = ☐　　四二が　8
③ 4 × 3 = ☐　　四三　12
④ 4 × 4 = ☐　　四四　16
⑤ 4 × 5 = ☐　　四五　20
⑥ 4 × 6 = ☐　　四六　24
⑦ 4 × 7 = ☐　　四七　28
⑧ 4 × 8 = ☐　　四八　32
⑨ 4 × 9 = ☐　　四九　36

② 4のだんの　計算を　しましょう。

① 4 × 2
② 4 × 8
③ 4 × 6
④ 4 × 7
⑤ 4 × 1
⑥ 4 × 5
⑦ 4 × 9
⑧ 4 × 4
⑨ 4 × 3

11 かけ算①
4のだんの 九九 (3)

なまえ

① 1この　プランターに，ミニトマトの　なえを　4本ずつ
うえます。

① プランター　6こ分では，
　なえは　何本　いりますか。

しき

答え ＿＿＿＿＿＿＿＿

② プランターが　もう　1こ　ふえると，なえは　何本　ふえますか。
また，ぜんぶで　何本に　なりますか。

（　　　　）本　ふえて，ぜんぶで（　　　　）本に　なる。

② 答えが　同じに　なる　九九を　見つけましょう。

① 4×5と　答えが　同じに　なる　5のだんの　九九

　　□ × □ = □

② 4×2と　答えが　同じに　なる　2のだんの　九九

　　□ × □ = □

---

11 かけ算①
2のだん〜5のだんの 九九 (1)

なまえ

① 2×2　　　　　② 5×1

③ 3×4　　　　　④ 4×3

⑤ 3×9　　　　　⑥ 5×6

⑦ 5×2　　　　　⑧ 4×9

⑨ 4×4　　　　　⑩ 4×7

⑪ 3×7　　　　　⑫ 2×3

① 2 × 4　　② 5 × 7

③ 3 × 8　　④ 4 × 5

⑤ 2 × 5　　⑥ 5 × 8

⑦ 3 × 3　　⑧ 5 × 5

⑨ 2 × 6　　⑩ 2 × 7

⑪ 3 × 2　　⑫ 4 × 8

⑬ 5 × 3　　⑭ 2 × 1

⑮ 3 × 5　　⑯ 5 × 6

⑰ 4 × 6　　⑱ 5 × 9

① 4 × 1　　② 5 × 4　　③ 2 × 8

④ 3 × 6　　⑤ 2 × 6　　⑥ 3 × 4

⑦ 4 × 8　　⑧ 5 × 9　　⑨ 4 × 3

⑩ 2 × 9　　⑪ 3 × 5　　⑫ 2 × 5

⑬ 4 × 5　　⑭ 5 × 2　　⑮ 5 × 3

⑯ 3 × 2　　⑰ 3 × 1　　⑱ 4 × 6

⑲ 5 × 1　　⑳ 5 × 5　　㉑ 4 × 2

㉒ 2 × 2　　㉓ 4 × 4　　㉔ 3 × 8

11 かけ算①
2のだん〜5のだんの　九九 (4)

なまえ

① 5 × 6 　　② 2 × 7 　　③ 5 × 4

④ 3 × 7 　　⑤ 3 × 3 　　⑥ 2 × 3

⑦ 2 × 4 　　⑧ 4 × 9 　　⑨ 5 × 7

⑩ 4 × 7 　　⑪ 5 × 8 　　⑫ 3 × 9

⑬ 3 × 8 　　⑭ 5 × 3 　　⑮ 5 × 9

⑯ 4 × 8 　　⑰ 4 × 4 　　⑱ 3 × 1

⑲ 2 × 9 　　⑳ 3 × 2 　　㉑ 3 × 4

㉒ 5 × 5 　　㉓ 3 × 5 　　㉔ 4 × 2

11 かけ算①
2のだん〜5のだんの　九九 (5)

なまえ

① 2 × 8 　　② 3 × 6 　　③ 4 × 6

④ 5 × 7 　　⑤ 2 × 4 　　⑥ 4 × 3

⑦ 3 × 7 　　⑧ 5 × 9 　　⑨ 3 × 5

⑩ 2 × 1 　　⑪ 4 × 7 　　⑫ 3 × 2

⑬ 3 × 3 　　⑭ 5 × 1 　　⑮ 4 × 8

⑯ 5 × 4 　　⑰ 3 × 8 　　⑱ 2 × 2

⑲ 2 × 3 　　⑳ 5 × 3 　　㉑ 5 × 8

㉒ 5 × 6 　　㉓ 3 × 4 　　㉔ 2 × 9

㉕ 4 × 1 　　㉖ 2 × 5 　　㉗ 4 × 5

㉘ 2 × 6 　　㉙ 3 × 1 　　㉚ 5 × 2

㉛ 2 × 7 　　㉜ 4 × 4 　　㉝ 3 × 9

㉞ 4 × 9 　　㉟ 4 × 2 　　㊱ 5 × 5

11 かけ算①
2のだん〜5のだんの　九九（6）

① 2 × 4　　　② 5 × 4　　　③ 4 × 7

④ 3 × 6　　　⑤ 5 × 6　　　⑥ 3 × 5

⑦ 4 × 8　　　⑧ 3 × 1　　　⑨ 2 × 5

⑩ 2 × 6　　　⑪ 4 × 6　　　⑫ 5 × 5

⑬ 5 × 7　　　⑭ 2 × 1　　　⑮ 3 × 8

⑯ 3 × 7　　　⑰ 3 × 4　　　⑱ 4 × 5

⑲ 2 × 9　　　⑳ 5 × 2　　　㉑ 2 × 3

㉒ 4 × 9　　　㉓ 2 × 7　　　㉔ 5 × 8

㉕ 2 × 2　　　㉖ 4 × 2　　　㉗ 3 × 2

㉘ 3 × 9　　　㉙ 5 × 9　　　㉚ 4 × 1

㉛ 4 × 3　　　㉜ 2 × 8　　　㉝ 5 × 1

㉞ 3 × 3　　　㉟ 4 × 4　　　㊱ 5 × 3

---

11 かけ算①
2のだん〜5のだんの　九九（7）

「1つ分の　数」×「いくつ分」＝「ぜんぶの　数」

1 おり紙を　4人に，5まいずつ　くばります。
　おり紙は，ぜんぶで　何まい　いりますか。

しき

答え　　　　　　　　　　　

2 おり紙を　1人に　4まいずつ，5人に　くばります。
　おり紙は，ぜんぶで　何まい　いりますか。

しき

答え　　　　　　　　　　　

3 4 × 3の　しきに　なる　もんだいを　つくります。
　□に　数を　書きましょう。

□ 人ずつ　のって　いる　車が，□ 台　あります。
のって　いるのは，ぜんぶで　何人ですか。

11 かけ算①
2のだん〜5のだんの　九九 (8)

① 3×5の しきに なる もんだいを つくります。
　□に 数を 書きましょう。

> りんごが 入って いる ふくろが □ ふくろ あります。
>
> 1ふくろには, □ こずつ 入って います。
>
> りんごは ぜんぶで 何こ ありますか。

② 3つの はこに, アイスカップが 2こずつ 入って います。
　アイスカップは, ぜんぶで 何こ ありますか。

① 1はこ分の アイスカップの 数は いくつですか。

（　　　）こ

② もんだいに 合う 図は,
　右の ⑦, ⑦の どちらですか。

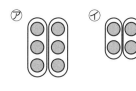

（　　　）

③ しきと 答えを 書きましょう。

しき

答え ＿＿＿＿＿＿＿

11 ふりかえり・たしかめ (1)
かけ算①

● 絵を 見て, しきと 答えを 書きましょう。

① あめは, ぜんぶで 何こですか。

しき

答え ＿＿＿＿＿＿＿

② おすしは, ぜんぶで 何こですか。

しき

答え ＿＿＿＿＿＿＿

③ 3さつ ならべると, はばは
　何cmに なりますか。

4cm 4cm 4cm

しき

答え ＿＿＿＿＿＿＿

④ ジュースは, ぜんぶで 何Lに
　なりますか。

しき

答え ＿＿＿＿＿＿＿

11 ふりかえり・たしかめ (2)
かけ算①

なまえ

① 2 × 7 　　② 4 × 4 　　③ 3 × 6

④ 5 × 4 　　⑤ 3 × 5 　　⑥ 4 × 5

⑦ 2 × 8 　　⑧ 4 × 6 　　⑨ 5 × 3

⑩ 3 × 7 　　⑪ 3 × 4 　　⑫ 2 × 6

⑬ 2 × 5 　　⑭ 5 × 6 　　⑮ 4 × 3

⑯ 4 × 7 　　⑰ 2 × 4 　　⑱ 3 × 3

⑲ 5 × 9 　　⑳ 3 × 2 　　㉑ 2 × 3

㉒ 3 × 9 　　㉓ 2 × 9 　　㉔ 4 × 9

㉕ 2 × 2 　　㉖ 4 × 2 　　㉗ 5 × 2

㉘ 3 × 1 　　㉙ 5 × 8 　　㉚ 2 × 1

㉛ 5 × 7 　　㉜ 4 × 1 　　㉝ 5 × 5

㉞ 3 × 8 　　㉟ 5 × 1 　　㊱ 4 × 8

11 ふりかえり・たしかめ (3)
かけ算①

なまえ

1 1つの へんの 長さが
3cmの 正方形が あります。

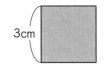

3cm

① まわりの 長さは, 1つの
へんの 長さの 何ばいですか。

（　　　　　　　）

② まわりの 長さは 何cmですか。

しき

答え ＿＿＿＿＿＿＿

2 ボートが 7そう あります。
1そうに 3人ずつ のります。

① ぜんぶで 何人 のれますか。

しき

答え ＿＿＿＿＿＿＿

② ボートが もう 1そう あると, のれる 人は
何人 ふえて, ぜんぶで 何人に なりますか。

（　　　　　）人 ふえて, ぜんぶで （　　　　　）人に なる。

11 まとめのテスト かけ算①

【知識・技能】

1 絵を 見て、□に あてはまる 数を 書きましょう。(5×4)

①

みかんは、1かごに □こずつ、□かご分で、

これを しきに 書くと、

□ × □ = □

②

あめは、1ふくろに □こずつ、□ふくろ分で、

これを しきに 書くと、

□ × □ = □

2 計算を しましょう。(5×6)

① 4×7

② 5×6

③ 3×9

④ 2×8

⑤ 4×6

⑥ 3×7

【思考・判断・表現】

3 ゴーカートに 3人ずつ のります。ゴーカートが 8台 あれば、何人 のれますか。(5×2)

しき

答え

4 クッキーが 入った はこが、6はこ あります。1はこに 5こずつ 入って います。クッキーは、ぜんぶで 何こ ありますか。(5×2)

しき

答え

5 あつさが 4cmの 本が あります。

① 本だなに 6さつ ならべると、何cmに なりますか。(5×2)

しき

答え

② もう 1さつ ならべると、はばは 何cm ふえて、ぜんぶで 何cmに なりますか。(5×2)

（　　　）cm ふえて、（　　　）cmに なる。

6 3×4の しきに なる もんだいを つくります。□に 数を 書きましょう。(10)

□人に □まいずつ、おり紙を くばります。おり紙は、ぜんぶで 何まい いりますか。

● 6のだんの　九九を　つくりましょう。□に　あてはまる　数を
書きましょう。

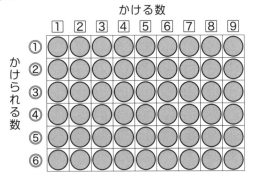

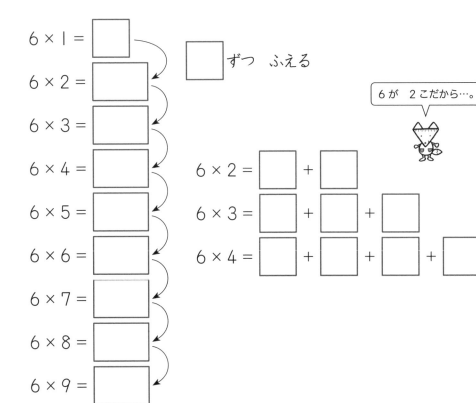

$6 \times 1 =$ ☐

$6 \times 2 =$ ☐

$6 \times 3 =$ ☐

$6 \times 4 =$ ☐

$6 \times 5 =$ ☐

$6 \times 6 =$ ☐

$6 \times 7 =$ ☐

$6 \times 8 =$ ☐

$6 \times 9 =$ ☐

☐ずつ　ふえる

6が　2こだから…。

$6 \times 2 =$ ☐ + ☐

$6 \times 3 =$ ☐ + ☐ + ☐

$6 \times 4 =$ ☐ + ☐ + ☐ + ☐

① 6のだんの　九九の　答えを
書いて，れんしゅうしましょう。

① $6 \times 1 =$ ☐ 　六一が　6

② $6 \times 2 =$ ☐ 　六二　12

③ $6 \times 3 =$ ☐ 　六三　18

④ $6 \times 4 =$ ☐ 　六四　24

⑤ $6 \times 5 =$ ☐ 　六五　30

⑥ $6 \times 6 =$ ☐ 　六六　36

⑦ $6 \times 7 =$ ☐ 　六七　42

⑧ $6 \times 8 =$ ☐ 　六八　48

⑨ $6 \times 9 =$ ☐ 　六九　54

② 6のだんの
計算を　しましょう。

① 6×2

② 6×4

③ 6×5

④ 6×3

⑤ 6×1

⑥ 6×6

⑦ 6×7

⑧ 6×9

⑨ 6×8

① 答えが 同じに なる 九九を 見つけましょう。

① 6×5と 答えが 同じに なる 5のだんの 九九

□ × □ = □

② 6×3と 答えが 同じに なる 3のだんの 九九

□ × □ = □

② 6×7の 計算を 分けて 考えます。
図を 見て, □に あてはまる 数を 書きましょう。

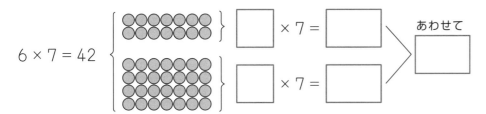

6×7 = 42

□ × 7 = □
□ × 7 = □
あわせて □

③ えんぴつが 入った はこが 4はこ あります。
1はこに えんぴつが 6本ずつ 入って います。
えんぴつは ぜんぶで 何本 ありますか。

しき

答え _____

● 7のだんの 九九を つくりましょう。□に あてはまる 数を 書きましょう。

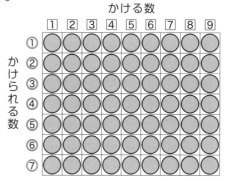

7×1 = □
7×2 = □
7×3 = □
7×4 = □
7×5 = □
7×6 = □
7×7 = □
7×8 = □
7×9 = □

□ ずつ ふえる

7×3の 答えは
□ ×7の 答えと 同じ

7×4の 答えは
□ ×7の 答えと 同じ

7×5の 答えは
□ ×7の 答えと 同じ

12 かけ算②
7のだんの　九九（2）

① 7のだんの　九九の　答えを
書いて，れんしゅうしましょう。

① 7 × 1 = ☐　　七一が　7

② 7 × 2 = ☐　　七二　14

③ 7 × 3 = ☐　　七三　21

④ 7 × 4 = ☐　　七四　28

⑤ 7 × 5 = ☐　　七五　35

⑥ 7 × 6 = ☐　　七六　42

⑦ 7 × 7 = ☐　　七七　49

⑧ 7 × 8 = ☐　　七八　56

⑨ 7 × 9 = ☐　　七九　63

② 7のだんの
計算を　しましょう。

① 7 × 5

② 7 × 7

③ 7 × 9

④ 7 × 2

⑤ 7 × 6

⑥ 7 × 3

⑦ 7 × 1

⑧ 7 × 4

⑨ 7 × 8

---

12 かけ算②
7のだんの　九九（3）

① 下の　図のように，スタートから　7mごとに　木が　立って
います。スタートから　6本めまでの　きょりは　何mですか。

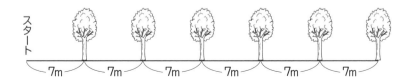

しき

答え ＿＿＿＿＿＿

② 7 × 4の　計算を　分けて　考えます。
図を　見て，☐に　あてはまる　数を　書きましょう。

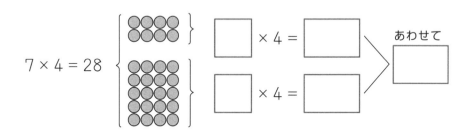

7 × 4 = 28 ☐ × 4 = ☐
☐ × 4 = ☐
あわせて ☐

③ 7Lの　8ばいは，何Lですか。

しき

答え ＿＿＿＿＿＿

24

12 かけ算②
8のだんの　九九 (1)

● 8のだんの　九九を　つくりましょう。□に　あてはまる　数を
書きましょう。

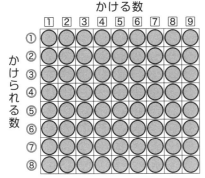

かける数

かけられる数

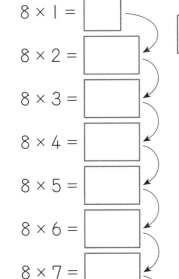

8 × 1 = 　

8 × 2 = 　

8 × 3 = 　

8 × 4 = 　

8 × 5 = 　

8 × 6 = 　

8 × 7 = 　

8 × 8 = 　

8 × 9 = 　

　ずつ　ふえる

8 × 2の　答えは

　×8の　答えと　同じ

8 × 5の　答えは

　×8の　答えと　同じ

8 × 6の　答えは

　×8の　答えと　同じ

---

12 かけ算②
8のだんの　九九 (2)

1　8のだんの　九九の　答えを
書いて，れんしゅうしましょう。

① 8 × 1 = 　　　八一が 8

② 8 × 2 = 　　　八二 16

③ 8 × 3 = 　　　八三 24

④ 8 × 4 = 　　　八四 32

⑤ 8 × 5 = 　　　八五 40

⑥ 8 × 6 = 　　　八六 48

⑦ 8 × 7 = 　　　八七 56

⑧ 8 × 8 = 　　　八八 64

⑨ 8 × 9 = 　　　八九 72

2　8のだんの
計算を　しましょう。

① 8 × 5

② 8 × 9

③ 8 × 1

④ 8 × 2

⑤ 8 × 8

⑥ 8 × 4

⑦ 8 × 3

⑧ 8 × 7

⑨ 8 × 6

① 8×6の　計算を　分けて　考えます。
図を　見て，□に　あてはまる　数を　書きましょう。

8×6＝48

□ × 6 ＝ □

□ × 6 ＝ □

あわせて □

② たこが　5ひき　います。たこ　1ぴきに　足は　8本　あります。
ぜんぶで　足は　何本　ありますか。

しき

答え _____

③ 8cmの　テープを　7本　作ります。
テープは，何cm　いりますか。

しき

答え _____

● 9のだんの　九九を　つくりましょう。□に　あてはまる　数を
書きましょう。

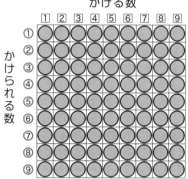

かける数
① ② ③ ④ ⑤ ⑥ ⑦ ⑧ ⑨
かけられる数

9×1＝ □

9×2＝ □

9×3＝ □

9×4＝ □

9×5＝ □

9×6＝ □

9×7＝ □

9×8＝ □

9×9＝ □

□ずつ　ふえる

9×4の　答えは
□×9の　答えと　同じ

9×6の　答えは
□×9の　答えと　同じ

9×8の　答えは
□×9の　答えと　同じ

12 かけ算②
9のだんの 九九 (2)

① 9のだんの 九九の 答えを
書いて，れんしゅうしましょう。

① 9 × 1 = ☐　　九一が 9

② 9 × 2 = ☐　　九二 18

③ 9 × 3 = ☐　　九三 27

④ 9 × 4 = ☐　　九四 36

⑤ 9 × 5 = ☐　　九五 45

⑥ 9 × 6 = ☐　　九六 54

⑦ 9 × 7 = ☐　　九七 63

⑧ 9 × 8 = ☐　　九八 72

⑨ 9 × 9 = ☐　　九九 81

② 9のだんの
計算を しましょう。

① 9 × 1

② 9 × 9

③ 9 × 5

④ 9 × 7

⑤ 9 × 2

⑥ 9 × 8

⑦ 9 × 4

⑧ 9 × 3

⑨ 9 × 6

---

12 かけ算②
9のだんの 九九 (3)

① 9 × 5の 計算を 分けて 考えます。
図を 見て，☐に あてはまる 数を 書きましょう。

①
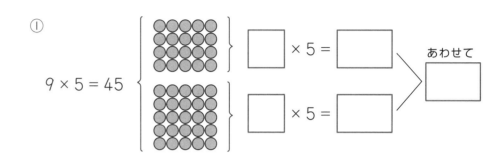
9 × 5 = 45 ｛ ☐ × 5 = ☐ ／ ☐ × 5 = ☐ ｝ あわせて ☐

②
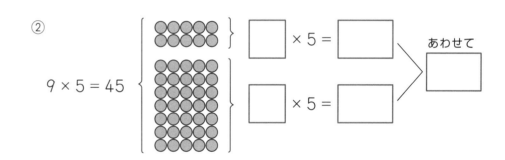
9 × 5 = 45 ｛ ☐ × 5 = ☐ ／ ☐ × 5 = ☐ ｝ あわせて ☐

② 9 × 7の しきに なる もんだいを つくります。
☐に 数を 書きましょう。

1日に ☐回 ピアノの れんしゅうを すると，

☐日間では，何回 れんしゅうする ことに なりますか。

27

12 かけ算②
1のだんの　九九

① 1のだんの　九九の　答えを
書いて，れんしゅうしましょう。

① 1 × 1 = ☐　　一一が　1

② 1 × 2 = ☐　　一二が　2

③ 1 × 3 = ☐　　一三が　3

④ 1 × 4 = ☐　　一四が　4

⑤ 1 × 5 = ☐　　一五が　5

⑥ 1 × 6 = ☐　　一六が　6

⑦ 1 × 7 = ☐　　一七が　7

⑧ 1 × 8 = ☐　　一八が　8

⑨ 1 × 9 = ☐　　一九が　9

② 1のだんの　九九の
答えは，いくつずつ
ふえて　いますか。

☐ ずつ

③ 答えが　同じに
なるように，☐に
数を　書きましょう。

① 1 × 3と　同じ

 × 1

② 1 × 5と　同じ

 × 1

③ 1 × 7と　同じ

 × 1

---

12 かけ算②
6のだん〜9のだんの　九九（1）

① 8 × 6　　　　② 7 × 3

③ 7 × 8　　　　④ 7 × 4

⑤ 8 × 9　　　　⑥ 7 × 7

⑦ 9 × 4　　　　⑧ 6 × 4

⑨ 6 × 7　　　　⑩ 6 × 2

⑪ 8 × 7　　　　⑫ 9 × 2

12 かけ算②
6のだん〜9のだんの　九九（2）

① 6 × 6　　② 9 × 1

③ 7 × 5　　④ 9 × 8

⑤ 9 × 7　　⑥ 9 × 5

⑦ 7 × 1　　⑧ 7 × 6

⑨ 8 × 4　　⑩ 8 × 5

⑪ 6 × 3　　⑫ 7 × 9

12 かけ算②
6のだん〜9のだんの　九九（3）

① 7 × 7　　② 9 × 6　　③ 9 × 9

④ 6 × 9　　⑤ 6 × 8　　⑥ 6 × 5

⑦ 9 × 3　　⑧ 8 × 2　　⑨ 8 × 8

⑩ 9 × 4　　⑪ 7 × 3　　⑫ 8 × 1

⑬ 8 × 5　　⑭ 6 × 4　　⑮ 6 × 7

⑯ 9 × 7　　⑰ 9 × 8　　⑱ 7 × 4

⑲ 8 × 7　　⑳ 9 × 5　　㉑ 7 × 9

㉒ 7 × 2　　㉓ 8 × 3　　㉔ 7 × 5

① 6×3　　② 9×2　　③ 9×6

④ 8×6　　⑤ 6×2　　⑥ 6×6

⑦ 7×6　　⑧ 6×5　　⑨ 8×4

⑩ 9×9　　⑪ 8×9　　⑫ 7×7

⑬ 6×7　　⑭ 7×2　　⑮ 6×9

⑯ 9×7　　⑰ 8×8　　⑱ 9×8

⑲ 9×4　　⑳ 6×4　　㉑ 7×8

㉒ 7×5　　㉓ 9×5　　㉔ 7×9

① 9×1　　② 8×6　　③ 6×2

④ 6×7　　⑤ 9×3　　⑥ 8×1

⑦ 6×9　　⑧ 9×8　　⑨ 7×6

⑩ 9×9　　⑪ 6×5　　⑫ 6×1

⑬ 9×6　　⑭ 8×9　　⑮ 8×3

⑯ 8×7　　⑰ 7×3　　⑱ 7×7

⑲ 7×4　　⑳ 9×7　　㉑ 9×4

㉒ 9×2　　㉓ 6×3　　㉔ 7×9

㉕ 6×4　　㉖ 7×1　　㉗ 9×5

㉘ 8×4　　㉙ 8×2　　㉚ 7×5

㉛ 7×8　　㉜ 6×6　　㉝ 8×8

㉞ 6×8　　㉟ 8×5　　㊱ 7×2

① 6 × 4

② 7 × 4

③ 8 × 5

④ 8 × 8

⑤ 9 × 2

⑥ 7 × 2

⑦ 8 × 1

⑧ 6 × 1

⑨ 9 × 4

⑩ 7 × 3

⑪ 9 × 6

⑫ 8 × 9

⑬ 6 × 6

⑭ 9 × 9

⑮ 6 × 5

⑯ 8 × 6

⑰ 7 × 5

⑱ 8 × 2

⑲ 6 × 2

⑳ 7 × 1

㉑ 8 × 4

㉒ 9 × 8

㉓ 6 × 7

㉔ 7 × 9

㉕ 7 × 6

㉖ 9 × 7

㉗ 6 × 9

㉘ 9 × 1

㉙ 7 × 8

㉚ 9 × 5

㉛ 6 × 8

㉜ 9 × 3

㉝ 8 × 7

㉞ 8 × 3

㉟ 7 × 7

㊱ 6 × 3

① 7 × 6

② 5 × 4

③ 3 × 8

④ 2 × 3

⑤ 9 × 2

⑥ 5 × 9

⑦ 4 × 8

⑧ 5 × 7

⑨ 3 × 6

⑩ 4 × 5

⑪ 2 × 6

⑫ 8 × 8

⑬ 9 × 8

⑭ 2 × 7

⑮ 6 × 5

⑯ 4 × 9

⑰ 8 × 5

⑱ 1 × 5

⑲ 8 × 3

⑳ 6 × 9

㉑ 3 × 7

㉒ 1 × 7

㉓ 6 × 6

㉔ 5 × 3

㉕ 8 × 4

㉖ 3 × 4

㉗ 3 × 2

㉘ 8 × 9

㉙ 9 × 4

㉚ 5 × 5

㉛ 7 × 8

㉜ 4 × 7

㉝ 1 × 8

㉞ 6 × 7

㉟ 7 × 2

㊱ 9 × 6

㊲ 4 × 6

㊳ 7 × 7

㊴ 8 × 7

㊵ 1 × 4

㊶ 2 × 8

㊷ 2 × 5

㊸ 2 × 9

㊹ 6 × 3

㊺ 7 × 9

㊻ 3 × 9

㊼ 6 × 4

㊽ 5 × 8

㊾ 8 × 6

㊿ 4 × 4

12 かけ算②
1のだん〜9のだんの　九九（2）

① 4 × 9　　② 3 × 8　　③ 9 × 4

④ 8 × 9　　⑤ 6 × 3　　⑥ 2 × 3

⑦ 3 × 7　　⑧ 2 × 8　　⑨ 6 × 7

⑩ 9 × 2　　⑪ 5 × 9　　⑫ 9 × 8

⑬ 6 × 9　　⑭ 3 × 9　　⑮ 2 × 6

⑯ 5 × 8　　⑰ 4 × 8　　⑱ 3 × 6

⑲ 8 × 4　　⑳ 8 × 8　　㉑ 4 × 2

㉒ 1 × 5　　㉓ 8 × 3　　㉔ 3 × 4

㉕ 7 × 7　　㉖ 5 × 3　　㉗ 7 × 4

㉘ 4 × 6　　㉙ 6 × 4　　㉚ 7 × 2

㉛ 5 × 5　　㉜ 1 × 6　　㉝ 9 × 6

㉞ 2 × 5　　㉟ 7 × 9　　㊱ 2 × 1

㊲ 9 × 3　　㊳ 4 × 4　　㊴ 5 × 6

㊵ 8 × 6　　㊶ 6 × 2　　㊷ 2 × 9

㊸ 6 × 8　　㊹ 9 × 9　　㊺ 5 × 2

㊻ 2 × 7　　㊼ 4 × 7　　㊽ 7 × 5

㊾ 8 × 2　　㊿ 9 × 7

---

12 かけ算②
1のだん〜9のだんの　九九（3）

① 8 × 5　　② 7 × 7　　③ 3 × 5　　④ 4 × 2

⑤ 6 × 9　　⑥ 4 × 3　　⑦ 9 × 6　　⑧ 7 × 3

⑨ 1 × 6　　⑩ 5 × 5　　⑪ 8 × 8　　⑫ 6 × 6

⑬ 4 × 4　　⑭ 5 × 2　　⑮ 1 × 7　　⑯ 5 × 1

⑰ 9 × 3　　⑱ 2 × 4　　⑲ 9 × 4　　⑳ 5 × 7

㉑ 4 × 1　　㉒ 3 × 9　　㉓ 2 × 5　　㉔ 5 × 8

㉕ 1 × 5　　㉖ 7 × 9　　㉗ 6 × 7　　㉘ 9 × 5

㉙ 1 × 9　　㉚ 6 × 1　　㉛ 2 × 7　　㉜ 4 × 5

㉝ 8 × 6　　㉞ 4 × 9　　㉟ 2 × 2　　㊱ 8 × 1

㊲ 3 × 8　　㊳ 3 × 6　　㊴ 4 × 8　　㊵ 2 × 1

㊶ 2 × 3　　㊷ 9 × 7　　㊸ 1 × 3　　㊹ 3 × 3

㊺ 5 × 4　　㊻ 6 × 3　　㊼ 9 × 9　　㊽ 8 × 9

㊾ 1 × 1　　㊿ 1 × 4　　51 3 × 2　　52 6 × 5

53 3 × 7　　54 8 × 4　　55 7 × 5　　56 9 × 8

57 9 × 2　　58 7 × 1　　59 8 × 3　　60 1 × 2

61 6 × 8　　62 2 × 8　　63 5 × 6　　64 7 × 4

65 5 × 3　　66 7 × 2　　67 4 × 7　　68 4 × 6

69 7 × 8　　70 2 × 6　　71 3 × 4　　72 2 × 9

73 6 × 4　　74 5 × 9　　75 9 × 1　　76 8 × 7

77 6 × 2　　78 1 × 8　　79 3 × 1　　80 7 × 6

81 8 × 2

12 かけ算②
1のだん〜9のだんの　九九（4）

① 2×6	② 6×5	③ 5×5	④ 3×5
⑤ 4×3	⑥ 7×7	⑦ 8×4	⑧ 6×7
⑨ 9×4	⑩ 9×2	⑪ 9×6	⑫ 9×3
⑬ 6×2	⑭ 6×3	⑮ 4×5	⑯ 2×8
⑰ 8×2	⑱ 4×6	⑲ 1×1	⑳ 9×8
㉑ 4×7	㉒ 1×3	㉓ 3×2	㉔ 7×2
㉕ 5×3	㉖ 1×9	㉗ 4×1	㉘ 8×6
㉙ 1×7	㉚ 6×1	㉛ 5×9	㉜ 1×5
㉝ 2×7	㉞ 4×9	㉟ 8×3	㊱ 7×1
㊲ 1×8	㊳ 3×9	㊴ 5×7	㊵ 1×6
㊶ 9×5	㊷ 3×7	㊸ 7×4	㊹ 7×3
㊺ 7×6	㊻ 2×1	㊼ 8×8	㊽ 6×8
㊾ 3×4	㊿ 5×8	51 4×8	52 4×4
53 3×3	54 7×5	55 1×4	56 9×1
57 5×6	58 9×7	59 3×6	60 8×5
61 8×9	62 4×2	63 2×3	64 9×9
65 8×1	66 3×8	67 6×4	68 5×4
69 7×8	70 2×5	71 3×1	72 2×4
73 8×7	74 2×2	75 5×2	76 7×9
77 6×6	78 6×9	79 1×2	80 5×1
81 2×9			

12 かけ算②
1のだん〜9のだんの　九九（5）

① 5×6	② 6×3	③ 7×2	④ 8×2
⑤ 3×1	⑥ 7×8	⑦ 1×6	⑧ 5×8
⑨ 8×8	⑩ 2×1	⑪ 4×1	⑫ 2×6
⑬ 6×2	⑭ 9×2	⑮ 9×9	⑯ 9×5
⑰ 9×6	⑱ 4×9	⑲ 2×5	⑳ 3×8
㉑ 2×7	㉒ 6×9	㉓ 1×2	㉔ 5×5
㉕ 8×3	㉖ 1×3	㉗ 3×2	㉘ 6×8
㉙ 6×7	㉚ 4×6	㉛ 7×9	㉜ 4×5
㉝ 9×8	㉞ 4×2	㉟ 6×1	㊱ 8×6
㊲ 3×3	㊳ 5×2	㊴ 1×1	㊵ 4×8
㊶ 5×9	㊷ 4×3	㊸ 1×7	㊹ 5×1
㊺ 2×3	㊻ 6×4	㊼ 2×2	㊽ 9×3
㊾ 7×6	㊿ 7×3	51 5×4	52 2×9
53 5×3	54 4×7	55 8×5	56 7×4
57 3×7	58 8×4	59 2×8	60 1×9
61 6×5	62 3×4	63 7×5	64 8×1
65 1×4	66 9×1	67 1×5	68 8×7
69 9×4	70 5×7	71 6×6	72 3×9
73 8×9	74 2×4	75 3×5	76 7×1
77 4×4	78 9×7	79 7×7	80 1×8
81 3×6			

12 かけ算②

1 のだん～ 9 のだんの　九九（6）

月　　日

なまえ

① 4 × 3	② 6 × 8	③ 3 × 8	④ 9 × 9
⑤ 1 × 5	⑥ 7 × 6	⑦ 1 × 9	⑧ 7 × 9
⑨ 9 × 6	⑩ 1 × 3	⑪ 5 × 8	⑫ 3 × 7
⑬ 4 × 8	⑭ 5 × 9	⑮ 4 × 9	⑯ 5 × 4
⑰ 3 × 9	⑱ 9 × 4	⑲ 3 × 6	⑳ 7 × 1
㉑ 8 × 5	㉒ 7 × 2	㉓ 8 × 1	㉔ 9 × 2
㉕ 2 × 3	㉖ 2 × 8	㉗ 8 × 6	㉘ 1 × 2
㉙ 5 × 3	㉚ 3 × 1	㉛ 6 × 5	㉜ 9 × 7
㉝ 4 × 6	㉞ 7 × 4	㉟ 5 × 5	㊱ 8 × 9
㊲ 7 × 5	㊳ 6 × 7	㊴ 7 × 7	㊵ 1 × 1
㊶ 8 × 4	㊷ 6 × 9	㊸ 1 × 6	㊹ 5 × 7
㊺ 6 × 4	㊻ 3 × 5	㊼ 4 × 2	㊽ 3 × 2
㊾ 5 × 6	㊿ 2 × 2	(51) 5 × 2	(52) 4 × 1
(53) 9 × 8	(54) 2 × 9	(55) 3 × 3	(56) 8 × 2
(57) 1 × 7	(58) 5 × 1	(59) 2 × 1	(60) 2 × 5
(61) 1 × 8	(62) 4 × 7	(63) 6 × 2	(64) 7 × 8
(65) 2 × 6	(66) 6 × 3	(67) 7 × 3	(68) 6 × 1
(69) 8 × 7	(70) 8 × 8	(71) 1 × 4	(72) 2 × 4
(73) 9 × 5	(74) 4 × 4	(75) 8 × 3	(76) 9 × 1
(77) 9 × 3	(78) 6 × 6	(79) 4 × 5	(80) 2 × 7
(81) 3 × 4			

12 かけ算②

1 のだん～ 9 のだんの　九九（7）

月　　日

なまえ

① 9 × 4	② 4 × 3	③ 1 × 7	④ 6 × 2
⑤ 6 × 8	⑥ 5 × 4	⑦ 3 × 7	⑧ 6 × 5
⑨ 5 × 5	⑩ 3 × 6	⑪ 4 × 1	⑫ 2 × 6
⑬ 5 × 6	⑭ 9 × 3	⑮ 7 × 9	⑯ 8 × 1
⑰ 4 × 2	⑱ 7 × 6	⑲ 1 × 6	⑳ 1 × 9
㉑ 7 × 4	㉒ 9 × 8	㉓ 3 × 3	㉔ 1 × 3
㉕ 4 × 8	㉖ 7 × 7	㉗ 3 × 8	㉘ 8 × 5
㉙ 7 × 2	㉚ 5 × 8	㉛ 8 × 4	㉜ 2 × 8
㉝ 6 × 7	㉞ 3 × 1	㉟ 5 × 9	㊱ 6 × 3
㊲ 3 × 9	㊳ 1 × 5	㊴ 7 × 3	㊵ 5 × 7
㊶ 2 × 2	㊷ 3 × 4	㊸ 3 × 2	㊹ 9 × 6
㊺ 7 × 8	㊻ 6 × 6	㊼ 4 × 7	㊽ 3 × 5
㊾ 2 × 7	㊿ 4 × 5	(51) 9 × 1	(52) 1 × 1
(53) 9 × 5	(54) 4 × 6	(55) 7 × 1	(56) 9 × 2
(57) 2 × 3	(58) 6 × 9	(59) 8 × 9	(60) 4 × 9
(61) 8 × 8	(62) 1 × 2	(63) 9 × 7	(64) 2 × 1
(65) 8 × 7	(66) 5 × 3	(67) 8 × 2	(68) 9 × 9
(69) 2 × 5	(70) 6 × 1	(71) 2 × 9	(72) 5 × 2
(73) 8 × 3	(74) 2 × 4	(75) 5 × 1	(76) 6 × 4
(77) 4 × 4	(78) 7 × 5	(79) 1 × 8	(80) 1 × 4
(81) 8 × 6			

12 かけ算②
九九の　ひょうと　きまり (1)

● 九九の　ひょうを　見て，□に　あてはまる　数を
書きましょう。

		①	②	③	④	⑤	⑥	⑦	⑧	⑨
	①	1	2	3	4	5	6	7	8	9
	②	2	4	6	8	10	12	14	16	18
	③	3	6	9	12	15	18	21	24	27
	④	4	8	12	16	20	24	28	32	36
か	⑤	5	10	15	20	25	30	35	40	45
けられる数	⑥	6	12	18	24	30	36	42	48	54
	⑦	7	14	21	28	35	42	49	56	63
	⑧	8	16	24	32	40	48	56	64	72
	⑨	9	18	27	36	45	54	63	72	81

（かける数）

① 3のだんでは，かける数が　1　ふえると，答えは　□　ふえる。

② 5のだんでは，かける数が　1　ふえると，答えは　□　ふえる。

③ $2 \times 8 = 2 \times 7 +$ □

④ $4 \times 3 = 4 \times 2 +$ □

⑤ $6 \times 6 = 6 \times 5 +$ □

⑥ $8 \times 7 = 8 \times 6 +$ □

---

12 かけ算②
九九の　ひょうと　きまり (2)

● 九九の　ひょうを　見て，答えが　下の　数に　なる　九九を
見つけましょう。

		①	②	③	④	⑤	⑥	⑦	⑧	⑨
	①	1	2	3	4	5	6	7	8	9
	②	2	4	6	8	10	12	14	16	18
	③	3	6	9	12	15	18	21	24	27
	④	4	8	12	16	20	24	28	32	36
か	⑤	5	10	15	20	25	30	35	40	45
けられる数	⑥	6	12	18	24	30	36	42	48	54
	⑦	7	14	21	28	35	42	49	56	63
	⑧	8	16	24	32	40	48	56	64	72
	⑨	9	18	27	36	45	54	63	72	81

（かける数）

① 8 （　）（　）（　）（　）

② 16 （　）（　）（　）

③ 18 （　）（　）（　）（　）

④ 24 （　）（　）（　）（　）

⑤ 49 （　）

⑥ 54 （　）（　）

12 かけ算②
九九の ひょうと きまり (3)

なまえ

● 下の ひょうの あ, い, う に 入る 数を, かけ算の
きまりを つかって もとめましょう。

		1	2	3	4	5	6	7	8	9	10	11	12
	①	1	2	3	4	5	6	7	8	9			
	②	2	4	6	8	10	12	14	16	18	あ		
	③	3	6	9	12	15	18	21	24	27			
	④	4	8	12	16	20	24	28	32	36			い
か	⑤	5	10	15	20	25	30	35	40	45			
け	⑥	6	12	18	24	30	36	42	48	54			
ら	⑦	7	14	21	28	35	42	49	56	63		う	
れ	⑧	8	16	24	32	40	48	56	64	72			
る	⑨	9	18	27	36	45	54	63	72	81			
数	⑩												
	⑪												
	⑫												

（かける数）

あに 入る 数

しき

答え _____

いに 入る 数

しき

答え _____

うに 入る 数

しき

答え _____

---

12 かけ算②
九九の ひょうと きまり (4)

なまえ

● 下の ひょうの か, き, く に 入る 数を, かけ算の
きまりを つかって もとめましょう。

		1	2	3	4	5	6	7	8	9	10	11	12
	①	1	2	3	4	5	6	7	8	9			
	②	2	4	6	8	10	12	14	16	18			
	③	3	6	9	12	15	18	21	24	27			
	④	4	8	12	16	20	24	28	32	36			
か	⑤	5	10	15	20	25	30	35	40	45			
け	⑥	6	12	18	24	30	36	42	48	54			
ら	⑦	7	14	21	28	35	42	49	56	63			
れ	⑧	8	16	24	32	40	48	56	64	72			
る	⑨	9	18	27	36	45	54	63	72	81			
数	⑩					か							
	⑪			き									
	⑫								く				

（かける数）

かに 入る 数 ［10 × 5 ＝ 5 × 10 だから…。］

しき

答え _____

きに 入る 数 ［11 × 3 ＝ 3 × 11 だから…。］

しき

答え _____

くに 入る 数

しき

答え _____

① テープの　長さを　もとめましょう。

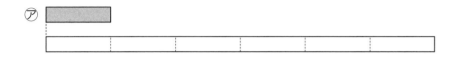

① ⑦の　テープの　4ばいの　長さに　色を　ぬりましょう。

② ⑦の　テープの　長さは，5cm です。　①で　色を　ぬった
　ところの　長さは　何cm ですか。

しき

答え＿＿＿＿＿＿＿＿＿

② ①と　⑦の　2本の　テープが　あります。

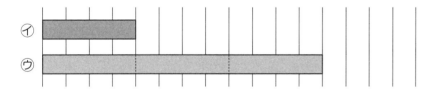

① ⑦の　テープの　長さは，①の　テープの　長さの　何ばいですか。

（　　　　　　　　　）

(トライ)② ①の　テープの　長さは，8cm です。⑦の　テープの　長さは，
何cm ですか。

しき

答え＿＿＿＿＿＿＿＿＿

● ⑦，①，⑦の　3本の　テープが　あります。

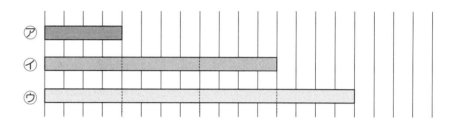

① ①，⑦の　テープの　長さは，それぞれ　⑦の　テープの　長さの
　何ばいですか。

　①の　テープの　長さは，⑦の　テープの　長さの　☐ばい

　⑦の　テープの　長さは，⑦の　テープの　長さの　☐ばい

(トライ)② ⑦の　テープの　長さが　7cm の　とき　①，⑦の　テープの
　長さは，それぞれ　何cm ですか。

①の　長さ

しき

答え＿＿＿＿＿＿＿＿＿

⑦の　長さ

しき

答え＿＿＿＿＿＿＿＿＿

12 かけ算②
もんだい（1）

● はこの　中に，クッキーが　右の
図のように，入って　います。
　クッキーの　数の　もとめ方を　考えます。
　下の　図の　考え方と　あう　しきを
右から　えらんで，線で　むすびましょう。

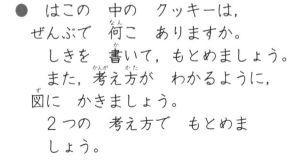

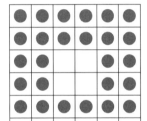

$3 \times 2 = 6$
$6 \times 4 = 24$

$6 \times 4 = 24$

$3 \times 2 = 6$
$3 \times 6 = 18$
$6 + 18 = 24$

$6 \times 6 = 36$
$3 \times 2 = 6$
$6 \times 2 = 12$
$36 - 12 = 24$

---

12 かけ算②
もんだい（2）

● はこの　中の　クッキーは，
ぜんぶで　何こ　ありますか。
　しきを　書いて，もとめましょう。
　また，考え方が　わかるように，
図に　かきましょう。
　2つの　考え方で　もとめま
しょう。

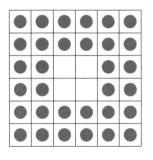

考え方①

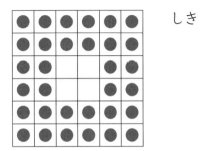

しき

答え _____

考え方②

しき

答え _____

12 ふりかえり・たしかめ (1)
かけ算②

① 7×3　　　② 7×7　　　③ 6×4

④ 8×4　　　⑤ 1×6　　　⑥ 6×2

⑦ 7×5　　　⑧ 9×7　　　⑨ 8×2

⑩ 9×3　　　⑪ 8×7　　　⑫ 6×9

⑬ 6×5　　　⑭ 6×3　　　⑮ 8×6

⑯ 8×8　　　⑰ 8×3　　　⑱ 9×4

⑲ 7×6　　　⑳ 8×5　　　㉑ 9×8

㉒ 9×2　　　㉓ 1×4　　　㉔ 6×7

㉕ 7×4　　　㉖ 1×8　　　㉗ 9×5

㉘ 8×9　　　㉙ 1×9　　　㉚ 7×2

㉛ 7×8　　　㉜ 7×9　　　㉝ 6×6

㉞ 6×8　　　㉟ 9×6　　　㊱ 9×9

---

12 ふりかえり・たしかめ (2)
かけ算②

① 7人で 1つの グループを つくると，6グループ
できました。みんなで 何人 いますか。

しき

答え＿＿＿＿＿＿＿＿＿＿

② おさらが 8まい あります。
おさら 1まいに，5こずつ おだんごを のせます。
おだんごは，ぜんぶで 何こ いりますか。

しき

答え＿＿＿＿＿＿＿＿＿＿

③ 花たばが 4たば あります。花が 7本ずつ
たばに なって います。花は ぜんぶで 何本 ありますか。

しき

答え＿＿＿＿＿＿＿＿＿＿

12 ふりかえり・たしかめ (3)
かけ算②

● クラスの みんなが 2れつに ならびました。
　1れつに 9人ずつ ならんで います。

① クラスの 人数は，みんなで 何人ですか。

しき

　　　　　　　　　　　　　　　　答え ＿＿＿＿＿＿

② クラスの みんなが ほかの ならび方を します。
　どんな ならび方が できますか。
　九九の ひょうを 見て，□に あてはまる 数を 書きましょう。

1れつに □人ずつ，□れつ

1れつに □人ずつ，□れつ

1れつに □人ずつ，□れつ

かける数

	①1	②2	③3	④4	⑤5	⑥6	⑦7	⑧8	⑨9
①	1	2	3	4	5	6	7	8	9
②	2	4	6	8	10	12	14	16	18
③	3	6	9	12	15	18	21	24	27
④	4	8	12	16	20	24	28	32	36
⑤	5	10	15	20	25	30	35	40	45
⑥	6	12	18	24	30	36	42	48	54
⑦	7	14	21	28	35	42	49	56	63
⑧	8	16	24	32	40	48	56	64	72
⑨	9	18	27	36	45	54	63	72	81

かけられる数

---

12 ふりかえり・たしかめ (4)
かけ算②

1 9cmの リボンを 6本 つなぎます。
　（つなぎめの 長さは 考えません。）

① つないだ リボンの 長さは，9cmの 何ばいですか。

　　　　　　　　　　　　　　（　　　　　）ばい

② つないだ リボンの 長さは，何cmですか。

しき

　　　　　　　　　　　　　　　　答え ＿＿＿＿＿＿

③ もう 1本 つなぐと，何cm 長く なり，何cmに
　なりますか。

（　　　　　）cm 長く なり，（　　　　　）cmに なる。

2 右の ●の 数を，しきに 書いて
もとめましょう。
　また，どんな くふうを したのか
わかるように 図に 書きましょう。

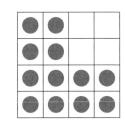

図　　　　　　　　しき

答え ＿＿＿＿＿＿

12 まとめのテスト
かけ算②

【知識・技能】

① 計算を しましょう。(5×7)

① 6×7

② 9×4

③ 8×6

④ 7×4

⑤ 9×6

⑥ 7×8

⑦ 8×9

② □に あてはまる 数を 書きましょう。(5×3)

① 8のだんの 九九の 答えは、□ずつ ふえます。

② 7×8の 答えは、7×7の 答えに □を たした 数です。

③ 9×6 = 9×5 + □

【思考・判断・表現】

③ カップケーキの 入って いる はこが 5はこ あります。カップケーキは、1はこに 6こずつ 入って います。カップケーキは、ぜんぶで 何こ ありますか。(5×2)

しき

答え

④ ⑦と ①の テープが あります。

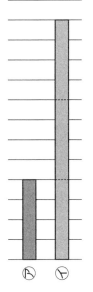

① ①の テープの 長さは、⑦の テープの 長さの 何ばいですか。(10)

（　　　　　）

② ⑦の テープの 長さが 8cmの とき、①の テープの 長さは、何cmですか。(5×2)

しき

答え

⑤ 7×6の しきに なる もんだいを つくります。□に あてはまる 数を 書きましょう。(10×2)

① 1れつに □人ずつ ならびます。□れつでは、ぜんいんで 何人に なりますか。

② 色紙を □人に くばります。1人に □まいずつ くばります。色紙は、ぜんぶで 何まい いりますか。

13 4けたの 数
4けたの 数 (1)

月　日

なまえ

● ブロックは 何こ ありますか。

① □に あてはまる 数を 書きましょう。

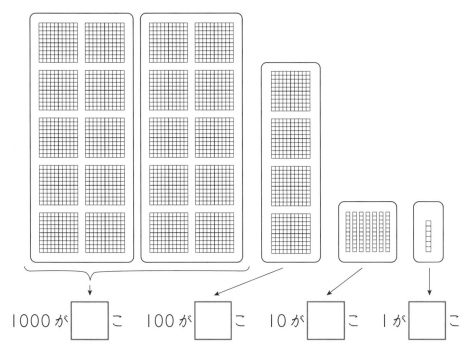

1000が [　] こ　100が [　] こ　10が [　] こ　1が [　] こ

② 数字で 書きましょう。

千のくらい	百のくらい	十のくらい	一のくらい
2			

③ 読みを 書きましょう。

(二千四百七十六　　　　)

13 4けたの 数
4けたの 数 (2)

月　日

なまえ

● ブロックは 何こ ありますか。

① □に あてはまる 数を 書きましょう。

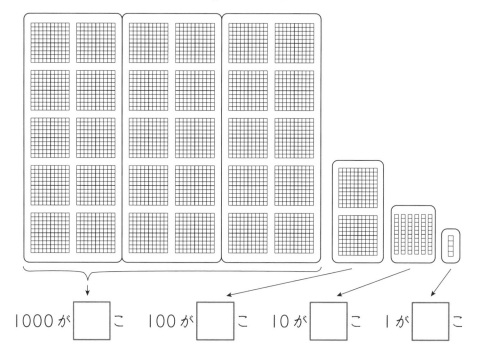

1000が [　] こ　100が [　] こ　10が [　] こ　1が [　] こ

② 数字で 書きましょう。

千のくらい	百のくらい	十のくらい	一のくらい

③ 読みを 書きましょう。

かん字で 書こう。

(　　　　　　　　　　　　)

13 4けたの　数
4けたの　数 (3)

① いくつですか。数字で　書きましょう。

①

千のくらい	百のくらい	十のくらい	一のくらい

②

千のくらい	百のくらい	十のくらい	一のくらい

③

千のくらい	百のくらい	十のくらい	一のくらい

④

千のくらい	百のくらい	十のくらい	一のくらい

② □に　あてはまる　数を　書きましょう。

6278の　千のくらいの　数字は □，百のくらいの

数字は □，十のくらいの　数字は □，一のくらいの

数字は □です。

---

13 4けたの　数
4けたの　数 (4)

● いくつですか。数字で　書きましょう。

①

千のくらい	百のくらい	十のくらい	一のくらい

②

千のくらい	百のくらい	十のくらい	一のくらい

③

千のくらい	百のくらい	十のくらい	一のくらい

④

千のくらい	百のくらい	十のくらい	一のくらい

⑤

千のくらい	百のくらい	十のくらい	一のくらい

⑥

千のくらい	百のくらい	十のくらい	一のくらい

1　つぎの 数を 数字で 書きましょう。

① 二千五百七十六

② 千百十一

③ 六千二十八

④ 四千五百二十

⑤ 七千百

⑥ 八千四十

⑦ 五千

⑧ 千六

2　つぎの 数の 読みを かん字で 書きましょう。

① 1275
（　　　　　　　　）

② 6290
（　　　　　　　　）

③ 4018
（　　　　　　　　）

④ 7001
（　　　　　　　　）

● つぎの 数を カードで あらわして かきましょう。

① 2453

千のくらい	百のくらい	十のくらい	一のくらい

② 1210

千のくらい	百のくらい	十のくらい	一のくらい

③ 4051

千のくらい	百のくらい	十のくらい	一のくらい

④ 7300

千のくらい	百のくらい	十のくらい	一のくらい

⑤ 6002

千のくらい	百のくらい	十のくらい	一のくらい

⑥ 3000

千のくらい	百のくらい	十のくらい	一のくらい

13 4けたの　数
4けたの　数 (7)

1 □に　あてはまる　数を　書きましょう。

① 1000を　6こ, 100を　3こ, 10を　5こ, 1を　8こ

あわせた　数は, ⬚ です。

② 7048は, 1000を ⬚ こ, 10を ⬚ こ, 1を ⬚ こ

あわせた　数です。

③ 千のくらいの　数字が　9, 百のくらいの　数字が　2,

十のくらいの　数字が　5, 一のくらいの　数字が　3の　数は,

⬚ です。

2 つぎの　文を　しきに　あらわします。
　　□に　あてはまる　数を　書きましょう。

① 6840は, 6000と　800と　40を　あわせた　数です。

6840 = ⬚ + ⬚ + ⬚ です。

② 7000と　3を　あわせた　数は, 7003です。

⬚ + ⬚ = 7003

---

13 4けたの　数
4けたの　数 (8)

1 つぎの　数を　書きましょう。

① 100を　23こ　あつめた　数

（　　　　　）

② 100を　48こ　あつめた　数

（　　　　　）

③ 100を　60こ　あつめた　数

（　　　　　）

④ 100を　90こ　あつめた　数

（　　　　　）

2 □に　あてはまる　数を　書きましょう。

① 3200は, 100を ⬚ こ　あつめた　数です。

② 5400は, 100を ⬚ こ　あつめた　数です。

③ 8100は, 100を ⬚ こ　あつめた　数です。

④ 7000は, 100を ⬚ こ　あつめた　数です。

1 □に　あてはまる　数を　書きましょう。

① 500 + 600は, 100を　もとに　すると, □ + □ = 11

100が　11こなので, 答えは □ です。

② 800 − 300は, 100を　もとに　すると, □ − □ = 5

100が　5こなので, 答えは □ です。

2 100を　もとに　して, 計算しましょう。

① 600 + 700　　　　② 800 + 700

③ 300 + 900　　　　④ 200 + 800

⑤ 900 − 500　　　　⑥ 900 − 600

⑦ 1000 − 300　　　　⑧ 1000 − 600

1 下の　数の線を　見て　答えましょう。

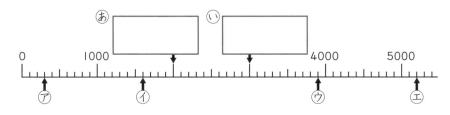

① いちばん　小さい　1めもりは　いくつですか。

（　　　　　　　　　）

② あ, いに　あてはまる　数を　書きましょう。

③ ⑦, ④, ⑦, ④の　めもりが　あらわす　数を　書きましょう。

⑦（　　　　　　　）　　④（　　　　　　　）

⑦（　　　　　　　）　　④（　　　　　　　）

2 下の　数の線の　□に　あてはまる　数を　書きましょう。

①

②

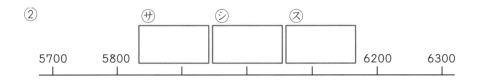

⓭ 4けたの　数
4けたの　数（11）

① 下の　数の線を　見て　答えましょう。

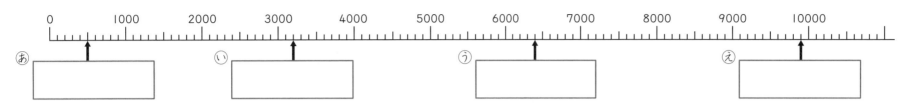

① いちばん　小さい　1めもりは　いくつですか。

（　　　　　　　）

② あ，い，う，えの　めもりが　あらわす　数を　書きましょう。

② □に　あてはまる　数を　書きましょう。

① 10000は，1000を　□　こ　あつめた　数です。

② 10000は，100を　□　こ　あつめた　数です。

③ □に　あてはまる　＞，＜を　書きましょう。

① 5410 □ 5409

② 1909 □ 1990

③ 6096 □ 6102

④ 9998 □ 9989

④ 下の　数の線の　□に　あてはまる　数を　書きましょう。

①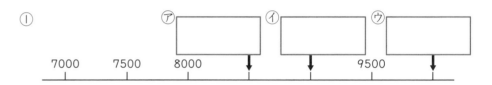

②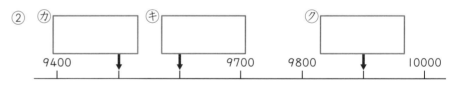

③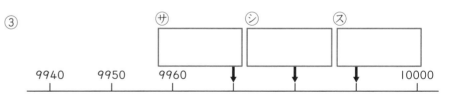

④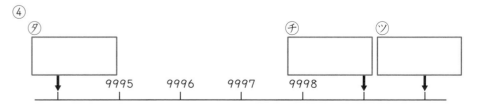

47

1 □に　あてはまる　＞, ＜を　書きましょう。

① 4235 □ 4253　② 6100 □ 6099

③ 7809 □ 7908　④ 9641 □ 9640

トライ
2 □に　あてはまる　数字を　ぜんぶ　書きましょう。

① 6683 ＜ 6□72

□ □ □

② 5478 ＞ □478

□ □ □ □

③ 8724 ＞ 872□

□ □ □ □

1 下の　数の線の　□に　あてはまる　数を　書きましょう。

①

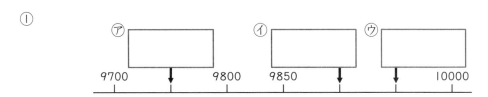

②

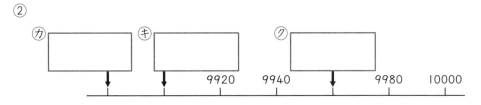

③

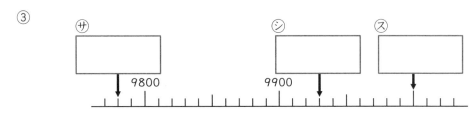

2 下の　数の線を　見て　答えましょう。

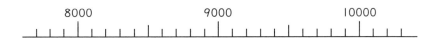

① 10000より　2000　小さい　数　（　　　　）

② 10000より　200　小さい　数　（　　　　）

1 6600は どんな 数ですか。

① 下の 数の線で, 6600を あらわす めもりに
↑を かきましょう。

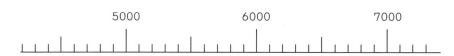

② 6600に ついて, □に あてはまる 数を 書きましょう。

• 6600は, [　　　] と 600を あわせた 数です。

• 6600は, 7000より [　　　] 小さい 数です。

• 6600は, 100を [　　　] こ あつめた 数です。

2 5200に ついて, □に あてはまる 数を 書きましょう。

① 5200は, 5000と [　　　] を あわせた 数です。

② 5200は, 6000より [　　　] 小さい 数です。

③ 5200は, 100を [　　　] こ あつめた 数です。

1 いくつですか。数字で 書きましょう。

①

1000	100		
1000	100		
1000	100	10	
1000	100	10	

千のくらい	百のくらい	十のくらい	一のくらい

②

1000			1
1000	100		1
1000	100		1
1000	100		1
1000	100		1 1

千のくらい	百のくらい	十のくらい	一のくらい

③

			1
			1
			1
			1
1000			1

千のくらい	百のくらい	十のくらい	一のくらい

④

1000			
1000			10
1000			10
1000 1000			10
1000 1000			10

千のくらい	百のくらい	十のくらい	一のくらい

2 つぎの 文を しきに あらわしましょう。

① 5208は, 5000と 200と 8を あわせた 数です。

5208 = [　　　] + [　　　] + [　　　]

② 4000と 70を あわせた 数は, 4070です。

[　　　] + [　　　] = 4070

13 ふりかえり・たしかめ (2)
4けたの 数

13 ふりかえり・たしかめ (3)
4けたの 数

なまえ

---

(2) 左欄

① □に あてはまる 数を 書きましょう。

① 100を 38こ あつめた 数は ☐ です。

② 100を 70こ あつめた 数は ☐ です。

③ 4600は, 100を ☐ こ あつめた 数です。

④ 9500は, 100を ☐ こ あつめた 数です。

② 下の 数の線を 見て, □に あてはまる 数を 書きましょう。

① 10000は, 1000を ☐ こ あつめた 数です。

② 10000は, 100を ☐ こ あつめた 数です。

③ 10000より 1000 小さい 数は, ☐ です。

④ 10000より 100 小さい 数は, ☐ です。

```
0  1000  2000  3000  4000  5000  6000  7000  8000  9000 10000
```

---

(3) 右欄

① 計算を しましょう。

① 700 + 800　　② 800 + 900

③ 900 − 600　　④ 1000 − 300

② 下の 数の線の □に あてはまる 数を 書きましょう。

①
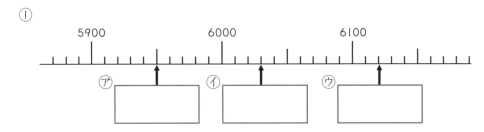

②
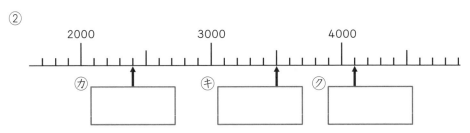

③
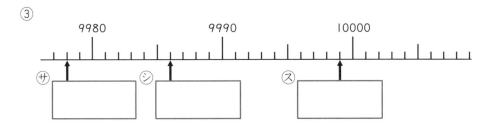

[知識・技能]

1 いくつですか。数字で 書きましょう。(5×2)

①

千のくらい	百のくらい	十のくらい	一のくらい
1000 1000 1000	100 100 100	10 10 10 10	1 1 1 1 1

②

千のくらい	百のくらい	十のくらい	一のくらい
1000 1000	100 100 100 100 100		1 1 1

2 つぎの 数を 数字で 書きましょう。(5×5)

① 1000を 6こ、10を 9こ あわせた数　（　　　　）

② 千のくらいの 数字が 8、百のくらいの 数字が 7、十のくらいの 数字が 1、一のくらいの 数字が 0の 数　（　　　　）

③ 千五百八十二　（　　　　）

④ 七千三十　（　　　　）

⑤ 九千六　（　　　　）

3 数の線の □に あてはまる 数を 書きましょう。(5×3)

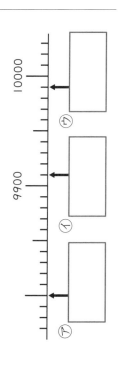

[思考・判断・表現]

4 つぎの 数に ついて、□に あてはまる 数を 書きましょう。(5×6)

① 3900

・3900は、100を □ こ あつめた 数です。

・3900は、□ と 900を あわせた 数です。

・3900は、4000より □ 小さい 数です。

② 7800

・7800は、100を □ こ あつめた 数です。

・7800は、7000と □ を あわせた 数です。

・7800は、□より 200 小さい 数です。

5 □に あてはまる 数を ぜんぶ 書きましょう。(5×2)

① 8070 < 80□2

② 6392 > 6□92

6 □に あてはまる 数を 書きましょう。(5×2)

① 10000は、100を □ こ あつめた 数です。

② 10000より 100 小さい 数は、□ です。

14 長い ものの 長さの たんい

長い ものの 長さの たんい (1)

1　下の　図は，1mの　ものさしです。左はしから，⑦，⑦，⑦，⑦までの　長さは，それぞれ　何cmですか。
　また，左はしから，⑦15cm　⑦57cm　⑦89cmの　長さに　↑を　かきましょう。

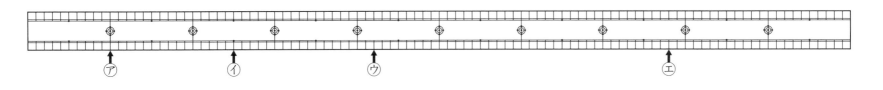

⑦（　　　　　　　　　）　⑦（　　　　　　　　　）　⑦（　　　　　　　　　）　⑦（　　　　　　　　　）

2　つぎの　長さを　もとめましょう。

① 1mの　4つ分の　長さ　　　　　　　　（　　　　　　　　m）

② 1mの　3つ分と　30cmを　あわせた　長さ
　　　　　　　　　　　　　　　　　　　（　　　　m　　　　cm）

③ 1mの　5つ分と　80cmを　あわせた　長さ
　　　　　　　　　　　　　　　　　　　（　　　　m　　　　cm）

3　下の　テープの　長さは　何m何cmですか。
　また，何cmですか。しきを　書いて　もとめましょう。

①

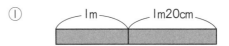

しき

答え（　　　　m　　　　cm），（　　　　cm）

②

しき

答え（　　　　m　　　　cm），（　　　　cm）

14 長い ものの 長さの たんい
長い ものの 長さの たんい（2）

なまえ

① （　）に あてはまる 数を 書きましょう。

① 3m ＝（　　　　　　）cm　　② 700cm ＝（　　　　　）m

③ 5m20cm ＝（　　　　　　　）cm

④ 415cm ＝（　　　）m（　　　　）cm

⑤ 620cm ＝（　　　）m（　　　　）cm

⑥ 5m6cm ＝（　　　　　　　）cm

② 長い じゅんに ならべましょう。

①
　⑦ 5m5cm　　　④ 550cm　　　⑦ 5m

②
　⑨ 406cm　　　⑨ 4m60cm　　　⑨ 4m10cm

14 長い ものの 長さの たんい
長い ものの 長さの たんい（3）

なまえ

① （　）に あてはまる，長さの たんい（m, cm, mm）を
書きましょう。

① えんぴつの 長さ…………16（　　　　　）

② プールの たての 長さ………25（　　　　　）

③ ノートの あつさ……………5（　　　　　）

④ 3かいだての ビルの 高さ…10（　　　　　）

② 3m の テープに めもりを つけて はかりました。
左はしから ⑦，④，⑦までの 長さは 何m何cmですか。
また，何cmですか。

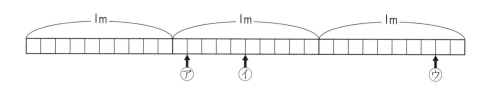

⑦ （　　　m　　　cm），（　　　　cm）

④ （　　　m　　　cm），（　　　　cm）

⑦ （　　　m　　　cm），（　　　　cm）

1　下の　図は，1mの　ものさしです。左はしから，㋐，㋑，㋒，㋓，㋔までの　長さは，それぞれ　何cmですか。

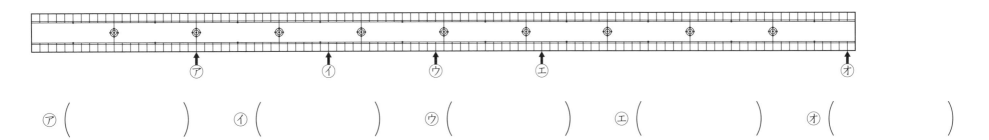

㋐（　　　　　）　　㋑（　　　　　）　　㋒（　　　　　）　　㋓（　　　　　）　　㋔（　　　　　）

2　（　）に　あてはまる　数を　書きましょう。

① 1m ＝（　　　　　）cm　　② 5m ＝（　　　　　）cm　　③ 4m30cm ＝（　　　　　）cm　　④ 4m3cm ＝（　　　　　）cm

⑤ 380cm ＝（　　　　　）m（　　　　　）cm　　⑥ 308cm ＝（　　　　　）m（　　　　　）cm

3　つぎの　テープの　長さは，何m何cmですか。また，何cmですか。しきを　書いて　もとめましょう。

① あわせた　長さ

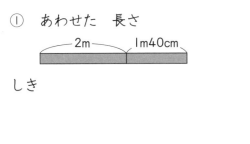

しき

② 2mを　つかった　のこり

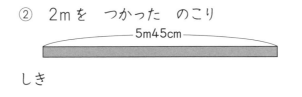

しき

③ 2本の　テープの　長さの　ちがい

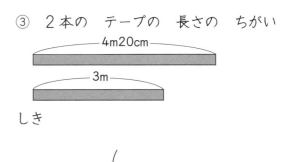

しき

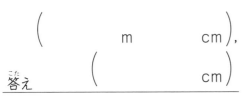

（　　　m　　　cm），
答え　（　　　　cm）

（　　　m　　　cm），
答え　（　　　　cm）

（　　　m　　　cm），
答え　（　　　　cm）

なまえ

⑭ まとめのテスト
長い ものの 長さの たんい

【知識・技能】

1 下の 図は、1mの ものさしです。左はしから、⑦、①、⑦までの 長さは、それぞれ 何cmですか。(5×3)

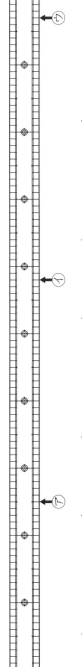

⑦ ( )　① ( )　⑦ ( )

2 ( )に あてはまる 数を 書きましょう。(5×4)

① 1m = ( ) cm　　② 450cm = ( ) m

③ 5m29cm = ( ) cm　　④ 2m8cm = ( ) cm

3 ( )に あてはまる、長さの たんい(m、cm、mm)を 書きましょう。(5×3)

① 教室の たての 長さ…7 ( )

② 教科書の よこの 長さ…18 ( )

③ 1円玉の あつさ……1 ( )

【思考・判断・表現】

4 つぎの 長さは、何m何cmですか。また、何cmですか。(5×4)

① 1mの ものさし 2つ分と 40cmの 長さ
(m cm)、(cm)

② 3mと 7cmを あわせた 長さ
(m cm)、(cm)

5 つぎの テープの 長さは、何m何cmですか。また、何cmですか。しきを 書いて もとめましょう。(5×6)

① あわせた 長さ

3m　1m60cm

しき

答え (m cm)、(cm)

② 3mを つかった のこり

5m15cm

しき

答え (m cm)、(cm)

15 たし算と　ひき算
たし算と　ひき算 (1)

● 図の（　）に　あてはまる　数を，また，わからない　数には
□を　書いてから，しきと　答えを　書きましょう。

① とりが　14わ　いました。何わか　とんで　きたので，
32わに　なりました。　とんで　きたのは　何わですか。

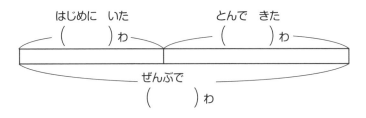

はじめに　いた
（　　　）わ

とんで　きた
（　　　）わ

ぜんぶで
（　　　）わ

しき

答え＿＿＿＿＿＿＿＿

② おり紙が　28まい　ありました。何まいか　もらったので，
45まいに　なりました。もらったのは　何まいですか。

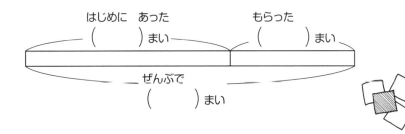

はじめに　あった
（　　　）まい

もらった
（　　　）まい

ぜんぶで
（　　　）まい

しき

答え＿＿＿＿＿＿＿＿

---

15 たし算と　ひき算
たし算と　ひき算 (2)

● 図の（　）に　あてはまる　数を，また，わからない　数には
□を　書いてから，しきと　答えを　書きましょう。

① グミが　何こか　ありました。　16こ　食べたので
のこりが　9こに　なりました。　はじめに　あった
グミは　何こですか。

はじめに　あった
（　　　）こ

食べた
（　　　）こ

のこり
（　　　）こ

しき

答え＿＿＿＿＿＿＿＿

② 公園で　何人か　あそんで　いました。　18人　帰ったので，
17人に　なりました。はじめに　あそんで　いたのは　何人ですか。

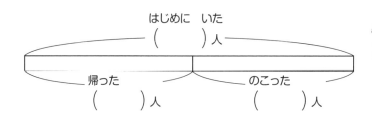

はじめに　いた
（　　　）人

帰った
（　　　）人

のこった
（　　　）人

しき

答え＿＿＿＿＿＿＿＿

15 たし算と ひき算
たし算と ひき算 (3)

● 図の （　）に あてはまる 数を，また，わからない 数には □を 書いてから，しきと 答えを 書きましょう。

① カードを 何まいか もって いました。7まい 買ったので， 22まいに なりました。はじめに もって いたのは 何まいですか。

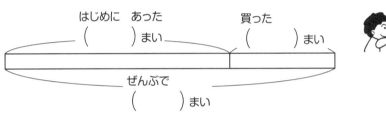

はじめに あった　（　　）まい　　買った （　　）まい

ぜんぶで （　　）まい

しき

答え ＿＿＿＿＿＿

② トマトが きのうは 19こ とれました。今日も 何こか とれたので，ぜんぶで 30こに なりました。 今日 とれたのは 何こですか。

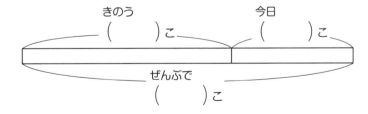

きのう （　　）こ　　今日 （　　）こ

ぜんぶで （　　）こ

しき

答え ＿＿＿＿＿＿

---

15 たし算と ひき算
たし算と ひき算 (4)

● 下の 文の （　）に 数を 入れて もんだいを つくり， 図に あらわしてから しきと 答えを 書きましょう。

水が 21L ありました。 何Lか 花の 水やりに つかったので，のこりは （　　　　　）Lに なりました。 花の 水やりに つかった 水は 何Lですか。

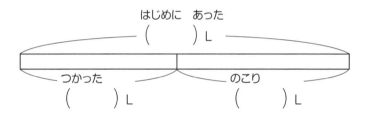

はじめに あった （　　）L

つかった （　　）L　　のこり （　　）L

しき

答え ＿＿＿＿＿＿

● 図の （　）に あてはまる 数を, また, わからない 数には
□を 書いてから, しきと 答えを 書きましょう。

① バスに 19人 のって いました。後から 何人か のって
きたので, みんなで 25人に なりました。後から のって
きたのは 何人ですか。

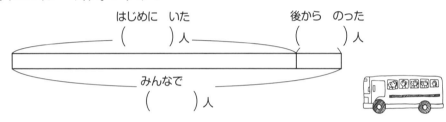

はじめに いた
（　　）人

後から のった
（　　）人

みんなで
（　　）人

しき

答え _____

② プールで 何人か およいで います。そこへ 14人
やって きたので, みんなで 32人に なりました。
はじめに およいで いたのは 何人ですか。

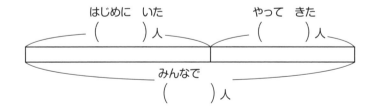

はじめに いた
（　　）人

やって きた
（　　）人

みんなで
（　　）人

しき

答え _____

● 図の （　）に あてはまる 数を, また, わからない 数には
□を 書いてから, しきと 答えを 書きましょう。

① ジュースを 27本 くばったので, のこりは
18本に なりました。ジュースは, はじめに 何本
ありましたか。

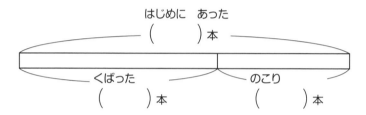

はじめに あった
（　　）本

くばった
（　　）本

のこり
（　　）本

しき

答え _____

② リボンが 90cm ありましたが, 何cmか つかって,
のこりは 43cmに なりました。
つかった リボンの 長さは 何cmですか。

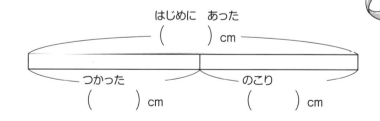

はじめに あった
（　　）cm

つかった
（　　）cm

のこり
（　　）cm

しき

答え _____

15 ふりかえり・たしかめ
たし算と　ひき算

なまえ

● 図を　見て，しきと　答えを　書きましょう。

① ちゅう車場から　8台　車が　出て　いったので，
のこりは　16台に　なりました。はじめに　何台
とまって　いましたか。

しき

答え ＿＿＿＿＿＿＿＿＿＿

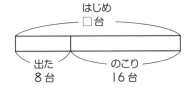

はじめ
□台

出た
8台　　のこり
16台

② 切手が　33まい　ありました。何まいか　つかったので，
のこりが　19まいに　なりました。
つかった　切手は　何まいですか。

しき

答え ＿＿＿＿＿＿＿＿＿＿

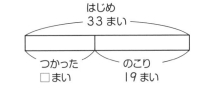

はじめ
33まい

つかった
□まい　　のこり
19まい

③ えんぴつを　何本か　もって　いました。12本　買ったので，
ぜんぶで　21本に　なりました。はじめに　もって　いた
えんぴつは　何本ですか。

しき

答え ＿＿＿＿＿＿＿＿＿＿

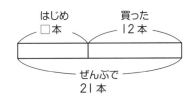

はじめ
□本　　買った
12本

ぜんぶで
21本

---

15 チャレンジ
たし算と　ひき算

なまえ

● いちごが　32こ　ありました。わたしが　8こ　食べて，
弟が　何こか　食べたので，のこりは　15こに
なりました。弟は　何こ　食べましたか。

① 下の　図の　（　）には　数を　書きましょう。
わからない　数は　□を　書きましょう。
また，□□には，下の□□からことばを　えらんで
書きましょう。

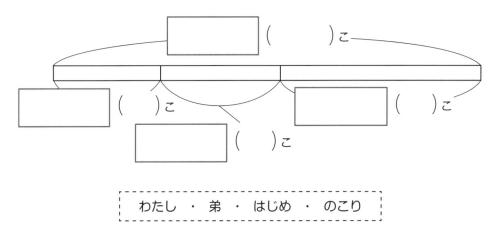

（　　）こ

（　）こ　　　　（　）こ

（　）こ

わたし　・　弟　・　はじめ　・　のこり

② しきと　答えを　書きましょう。

しき

答え ＿＿＿＿＿＿＿＿＿＿

15 まとめのテスト
たし算と ひき算

[思考・判断・表現]

● 図の（ ）に あてはまる 数を、わからない 数には □を 書いてから、しきと 答えを 書きましょう。

① 色紙を 16まい つかったので、のこりは 15まいに なりました。はじめに あった 色紙は 何まいですか。 (図10)(式答え5×2)

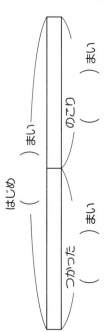

はじめ（ 　 ）まい
つかった（ 　 ）まい　のこりの（ 　 ）まい

しき

答え

② とりが 18わ いました。そこへ 何わか とんで きたので、ぜんぶで 33わに なりました。とんで きたのは 何わですか。 (図10)(式答え5×2)

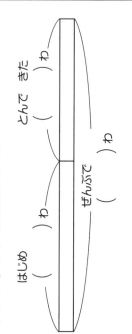

はじめ（ 　 ）わ　とんで きた（ 　 ）わ
ぜんぶで（ 　 ）わ

しき

答え

③ わたしは どんぐりを 18こ ひろいました。弟が ひろったのを あわせると、30こに なりました。弟が ひろったのは 何こですか。 (図10)(式答え5×2)

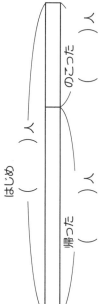

わたし（ 　 ）こ　弟（ 　 ）こ
ぜんぶで（ 　 ）こ

しき

答え

④ 公園で 何人かが あそんで いました。そのうち 16人が 帰ったので 8人に なりました。はじめに あそんで いたのは、何人ですか。 (図10)(式答え5×2)

はじめ（ 　 ）人
帰った（ 　 ）人　のこった（ 　 ）人

しき

答え

⑤ みかんが 42こ ありました。何こか 食べたので、のこりが 27こに なりました。食べたのは 何こですか。 (図10)(式答え5×2)

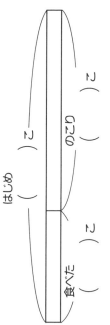

はじめ（ 　 ）こ
食べた（ 　 ）こ　のこりの（ 　 ）こ

しき

答え

16 分数
分数 (1)

① □に あてはまる 数を 書きましょう。

もとの 大きさ

① ⑦は, もとの 大きさの $\frac{\square}{\square}$ です。

② ⑦を □つ あつめると, もとの 大きさに なります。

② もとの 大きさの $\frac{1}{2}$ に 色を ぬりましょう。

①

もとの 大きさ

②

③

16 分数
分数 (2)

① 色の ついた ところが もとの 長さの $\frac{1}{4}$ に なって いるのは どれですか。

（　）に ○を つけましょう。

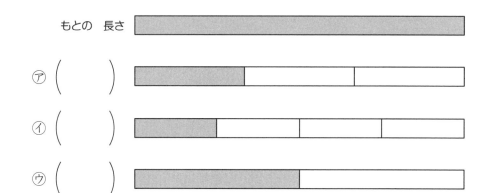

もとの 長さ

⑦（　）

⑦（　）

⑦（　）

② もとの 大きさの $\frac{1}{4}$ に 色を ぬりましょう。

①

もとの 大きさ

②

③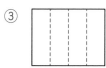

① □に あてはまる 数を 書きましょう。

もとの 大きさ

① ⑦は，もとの 大きさの □/□ です。

② ⑦を □つ あつめると，もとの 大きさに なります。

② もとの 大きさの $\frac{1}{2}$ や $\frac{1}{4}$を えらんで，

（　）に $\frac{1}{2}$や $\frac{1}{4}$と 書きましょう。

⑦　　　　　　　　　　⑦

（　　）　　　（　　）

もとの 大きさ

⑦　　　　　　　　　　⑦

（　　）　　　（　　）

① 色の ついた ところは，もとの 長さの 何分の一と いえば いいですか。（　）に 分数を 書きましょう。

もとの 長さ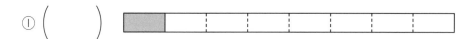

①（　　）

②（　　）

② ⑦は，もとの 長さの $\frac{1}{3}$です。

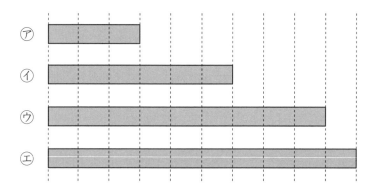

⑦
⑦
⑦
⑦

① ⑦を いくつ あつめると，もとの 長さに なりますか。

（　　　）つ

② もとの 長さは ⑦，⑦，⑦の どれですか。　（　　　）

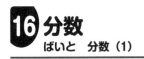

16 分数
ばいと　分数 (1)

① 赤の　テープの　長さと　青の　テープの　長さを
　くらべましょう。

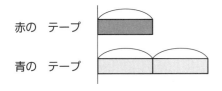

赤の　テープ

青の　テープ

① 青の　テープの　長さは，赤の　テープの　長さの
　何ばいですか。

（　　　　）ばい

② 赤の　テープの　長さは，青の　テープの　長さの
　何分の一ですか。

（　　　　）

② 白の　テープの　長さと　みどりの　テープの　長さを
　くらべましょう。

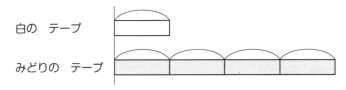

白の　テープ

みどりの　テープ

① みどりの　テープの　長さは，白の　テープの　長さの
　何ばいですか。

（　　　　）ばい

② 白の　テープの　長さは，みどりの　テープの　長さの
　何分の一ですか。

（　　　　）

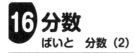

16 分数
ばいと　分数 (2)

① 水色の　テープの　長さと　もも色の　テープの　長さを
　くらべましょう。

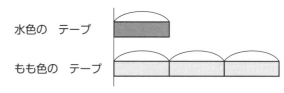

水色の　テープ

もも色の　テープ

① もも色の　テープの　長さは，水色の　テープの　長さの
　何ばいですか。

（　　　　）ばい

② 水色の　テープの　長さは，もも色の　テープの　長さの
　何分の一ですか。

（　　　　）

② ㋐の　テープの　長さの　$\frac{1}{2}$，$\frac{1}{3}$ の　長さの　テープは，
　それぞれ　どれですか。（　　　）に　記ごうを　書きましょう。

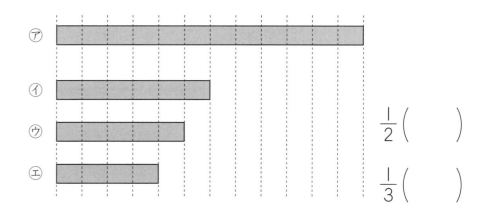

㋐

㋑

㋒

㋓

$\frac{1}{2}$（　　　）

$\frac{1}{3}$（　　　）

16 ふりかえり・たしかめ
分数

① 色の ついた ところは, もとの 長さの 何分の一ですか。

もとの 長さ

① 　　（　　）

② 　　（　　）

③ 　　（　　）

④ 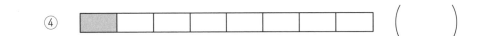　　（　　）

② 色の ついた ところは, もとの 大きさの 何分の一ですか。

もとの 大きさ

①（　　） ②（　　）

③（　　） ④（　　）

16 チャレンジ
分数

● 18この クッキーが,
右の 図のように
はこに 入って います。

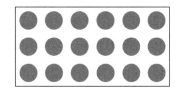

クッキーの 数を 下の 図のように くぎって 見ます。
□に あてはまる 数を 書きましょう。

①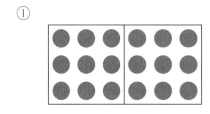

18こは, 9この □ ばいです。

18この □ は, 9こです。

②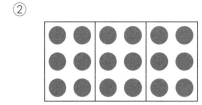

18こは, 6この □ ばいです。

18この □ は, 6こです。

16 まとめのテスト 分数

【知識・技能】

1　色の ついた ところが もとの 大きさの $\frac{1}{2}$に なって いる ものの（　）に ○を つけましょう。(5×2)

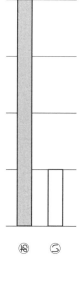

㋐　㋒
㋑　㋓
もとの 大きさ

2　色の ついた ところが もとの 長さの $\frac{1}{4}$に なって いる ものの（　）に ○を つけましょう。(10)

もとの 長さ
㋐
㋑
㋒

3　図を 見て、□に あてはまる 数を 書きましょう。(10×2)

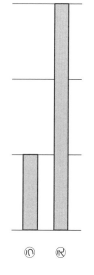

㋐
もとの 大きさ

① ㋐は、もとの 大きさの $\frac{□}{□}$ です。

② ㋐を □つ あつめると、もとの 大きさと 同じ 大きさに なります。

4　もとの 長さの $\frac{1}{8}$に 色を ぬりましょう。(10)

もとの 長さ

【思考・判断・表現】

5　㋐と ㋑の テープの 長さを くらべましょう。(10×2)

㋐
㋑

① ㋐の テープの 長さは、㋑の テープの 長さの 何ばいですか。

② ㋑の テープの 長さは、㋐の テープの 長さの 何分の一ですか。

6　㋒と ㋓の テープの 長さを くらべましょう。(10×2)

㋒
㋓

① ㋒の テープの 長さは、㋓の テープの 長さの 何ばいですか。

② ㋓の テープの 長さは、㋒の テープの 長さの 何分の一ですか。

7　チョコレートが 右の 図のように 入って います。図を 見て、□に あてはまる 数を 書きましょう。(5×2)

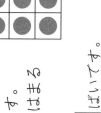

① 6こは、3この □ばいです。

② 6この $\frac{□}{□}$ は、3こです。

17 はこの 形
はこの 形 (1)

なまえ

● はこの 形 ⑦と ⑦の 面に ついて,答えましょう。

⑦

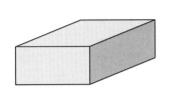

⑦

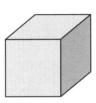

① 面の 形は,それぞれ 何と いう 四角形ですか。

⑦ (　　　　　　　　)　⑦ (　　　　　　　　)

② 面は それぞれ いくつ ありますか。(　)に 数を 書きましょう。

⑦ (　　　　　)　　　⑦ (　　　　　)

③ 同じ 形の 面は,いくつずつ 何組 ありますか。

⑦ (　　　　　)つずつ (　　　　　)組

⑦ 同じ 面が (　　　　　)つ

17 はこの 形
はこの 形 (2)

なまえ

① ⓐの 面を,左の 図の どこに つなぐと,はこの 形に 組み立てる ことが できますか。図に かきましょう。

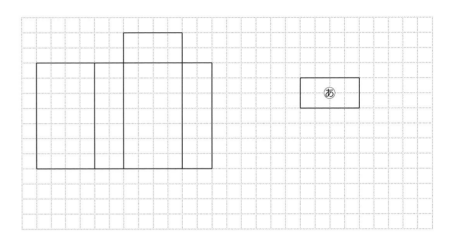

② ⓚと ⓖの 面を,左の 図の どこに つなぐと,はこの 形に 組み立てる ことが できますか。図に かきましょう。

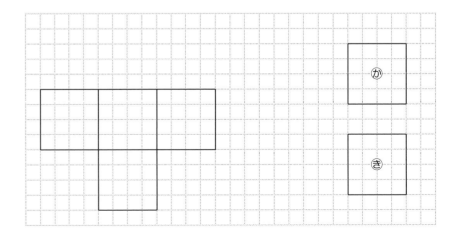

● ひごと ねん土玉を つかって, 下のような はこの 形を 作ります。

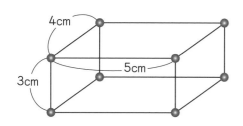

4cm
5cm
3cm

① どんな 長さの ひごが 何本ずつ いりますか。

長さ			
本数			

② ねん土玉は 何こ いりますか。

（　　　）こ

● ひごと ねん土玉を つかって, 下の ㋐と ㋑のような はこの 形を 作ります。 よういする ひごと ねん土玉に ついて, 答えましょう。

㋐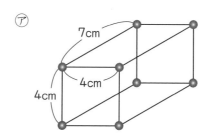

7cm
4cm
4cm

㋑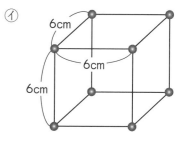

6cm
6cm
6cm

① どんな 長さの ひごが 何本ずつ いりますか。

㋐
長さ	7cm	4cm
本数		

㋑ （　　　）cmの ひごが （　　　）本

② ねん土玉は 何こ いりますか。

㋐ （　　　）こ ㋑ （　　　）こ

67

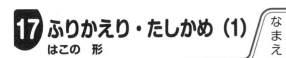

① 右の はこの 形を
　見て、答えましょう。

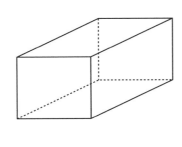

　① 面の 形は、どんな
　　四角形ですか。

　　（　　　　　　）

　② 面、へん、ちょう点は、それぞれ いくつ ありますか。
　　（　）に 数を 書きましょう。

面（　　　　）　へん（　　　　）　ちょう点（　　　　）

② 右の 図のような はこの
　形を 作ります。どんな 面が
　いくつ いりますか。（　）に
　数を 書きましょう。

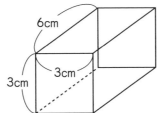

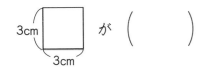
　が（　　　　）

　が（　　　　）

---

① ①，②，③の 図を 組み立てると、右の どの はこに
　なりますか。 線で むすびましょう。

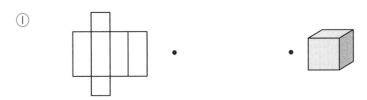

② ひごと ねん土玉を つかって、
　右のような はこの 形を
　作ります。

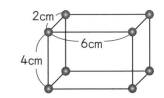

　① どんな 長さの ひごが 何本ずつ いりますか。

長さ	2cm	6cm	4cm
本数			

　② ねん土玉は 何こ いりますか。　　　（　　　　）こ

【知識・技能】

① 下の ⑦, ④の はこの 面について, 答えましょう。(5×6)

① 面は, ぜんぶで いくつ ありますか。( )に 数を 書きましょう。
⑦( )　④( )

② 面の 形は 何と いう 四角形ですか。
⑦( )　④( )

③ 同じ 形の 面は いくつずつ ありますか。
⑦( )つずつ( )組
④ 同じ 面が ( )つずつ( )組

② ひごと ねん土玉を つかって, 下の ようなはこの 形を 作ります。(5×4)

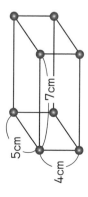

① どんな 長さの ひごが 何本ずつ いりますか。

長さ	5cm	7cm	4cm
本数			

② ねん土玉は 何こ いりますか。
( )こ

【思考・判断・表現】

③ 下の ⑦, ④, ⑦の 図を 組み立てると, どの はこに なりますか。合う 図を 線で むすびましょう。(10×3)

⑦

・

④
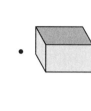
・

⑦
・

・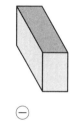

・

④ 下の ⑧と ⑪の 面を 左の 図の どこに つなぐと, はこを 組み立てる ことが できますか。図に かきましょう。(10×2)

①

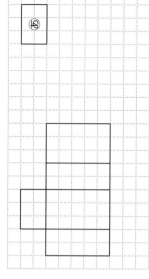

⑧

②

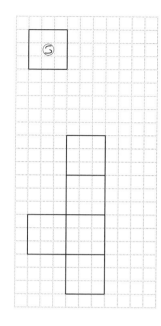

⑪

🌱 計算れんしゅう（1）

なまえ

① 46 + 29　② 56 + 18　③ 42 + 54　④ 72 + 8

⑤ 65 + 25　⑥ 39 + 31　⑦ 44 + 28　⑧ 7 + 34

⑨ 34 + 55　⑩ 9 + 63　⑪ 16 + 15　⑫ 68 + 14

⑬ 6 + 44　⑭ 88 + 8　⑮ 29 + 51　⑯ 8 + 31

🌱 計算れんしゅう（2）

なまえ

① 29 + 41　② 47 + 8　③ 75 + 17　④ 14 + 52

⑤ 6 + 43　⑥ 73 + 17　⑦ 36 + 49　⑧ 9 + 73

⑨ 25 + 57　⑩ 35 + 45　⑪ 59 + 11　⑫ 67 + 7

⑬ 37 + 18　⑭ 64 + 26　⑮ 44 + 29　⑯ 47 + 44

⑰ 71 + 18　⑱ 4 + 78　⑲ 63 + 17　⑳ 37 + 49

計算れんしゅう（3）

なまえ

① 53 − 34　② 77 − 5　③ 31 − 27　④ 80 − 44

⑤ 63 − 23　⑥ 91 − 88　⑦ 94 − 35　⑧ 32 − 14

⑨ 64 − 39　⑩ 73 − 67　⑪ 71 − 34　⑫ 96 − 59

⑬ 43 − 29　⑭ 92 − 78　⑮ 68 − 36　⑯ 80 − 42

計算れんしゅう（4）

なまえ

① 66 − 58　② 61 − 29　③ 87 − 53　④ 80 − 61

⑤ 70 − 24　⑥ 36 − 33　⑦ 92 − 67　⑧ 90 − 53

⑨ 72 − 18　⑩ 83 − 35　⑪ 70 − 24　⑫ 53 − 26

⑬ 77 − 37　⑭ 55 − 18　⑮ 52 − 46　⑯ 92 − 42

⑰ 81 − 5　⑱ 82 − 64　⑲ 92 − 47　⑳ 27 − 18

計算れんしゅう（5）

月　　日

なまえ

① 56 + 27　② 49 + 22　③ 33 + 48　④ 59 + 25

⑤ 37 + 33　⑥ 9 + 46　⑦ 73 + 24　⑧ 7 + 57

⑨ 53 − 27　⑩ 65 − 59　⑪ 67 − 17　⑫ 91 − 65

⑬ 32 − 29　⑭ 70 − 8　⑮ 84 − 27　⑯ 91 − 66

計算れんしゅう（6）

月　　日

なまえ

① 6 + 35　② 78 + 16　③ 79 + 7　④ 29 + 29

⑤ 57 + 8　⑥ 38 + 42　⑦ 69 + 29　⑧ 18 + 52

⑨ 73 − 68　⑩ 50 − 16　⑪ 74 − 25　⑫ 90 − 54

⑬ 79 − 6　⑭ 52 − 38　⑮ 67 − 19　⑯ 91 − 63

72

計算れんしゅう (7)

① 52 + 4　② 16 + 78　③ 46 + 26　④ 38 + 58

⑤ 27 + 63　⑥ 73 + 24　⑦ 45 + 27　⑧ 9 + 78

⑨ 23 + 58　⑩ 37 + 43　⑪ 3 + 57　⑫ 47 + 26

⑬ 52 − 38　⑭ 55 − 29　⑮ 31 − 25　⑯ 92 − 7

⑰ 80 − 55　⑱ 70 − 21　⑲ 77 − 34　⑳ 45 − 28

計算れんしゅう (8)

① 95 − 77　② 31 − 15　③ 70 − 36　④ 76 − 29

⑤ 92 − 84　⑥ 72 − 27　⑦ 81 − 5　⑧ 93 − 48

⑨ 56 − 40　⑩ 60 − 53　⑪ 55 − 19　⑫ 62 − 57

⑬ 69 + 17　⑭ 23 + 39　⑮ 17 + 43　⑯ 52 + 36

⑰ 48 + 48　⑱ 16 + 9　⑲ 28 + 63　⑳ 8 + 56

計算れんしゅう（9）

なまえ

① 55 + 64　② 49 + 74　③ 63 + 38　④ 95 + 39

⑤ 68 + 67　⑥ 83 + 63　⑦ 74 + 39　⑧ 95 + 27

⑨ 60 + 80　⑩ 68 + 99　⑪ 8 + 93　⑫ 11 + 99

⑬ 94 + 86　⑭ 93 + 72　⑮ 55 + 55　⑯ 87 + 15

計算れんしゅう（10）

なまえ

① 83 + 59　② 32 + 96　③ 42 + 58　④ 36 + 95

⑤ 84 + 67　⑥ 29 + 75　⑦ 77 + 52　⑧ 81 + 97

⑨ 92 + 93　⑩ 89 + 79　⑪ 68 + 42　⑫ 92 + 42

⑬ 63 + 98　⑭ 22 + 84　⑮ 66 + 66　⑯ 79 + 98

⑰ 68 + 48　⑱ 8 + 94　⑲ 35 + 85　⑳ 99 + 99

計算れんしゅう（11）

なまえ

① 148 − 76　② 133 − 52　③ 134 − 65　④ 154 − 87

⑤ 150 − 93　⑥ 145 − 73　⑦ 107 − 73　⑧ 100 − 67

⑨ 134 − 86　⑩ 114 − 39　⑪ 169 − 99　⑫ 132 − 76

⑬ 180 − 93　⑭ 107 − 69　⑮ 152 − 68　⑯ 132 − 37

計算れんしゅう（12）

なまえ

① 143 − 67　② 136 − 53　③ 171 − 73　④ 122 − 81

⑤ 162 − 87　⑥ 104 − 88　⑦ 178 − 95　⑧ 151 − 99

⑨ 100 − 43　⑩ 137 − 78　⑪ 121 − 68　⑫ 115 − 55

⑬ 152 − 97　⑭ 102 − 58　⑮ 175 − 84　⑯ 175 − 76

⑰ 147 − 62　⑱ 128 − 89　⑲ 132 − 84　⑳ 111 − 42

① 179 − 86　② 133 − 66　③ 135 − 79　④ 100 − 45

⑤ 102 − 7　⑥ 125 − 76　⑦ 125 − 53　⑧ 120 − 73

⑨ 167 − 80　⑩ 100 − 73　⑪ 103 − 8　⑫ 156 − 79

⑬ 121 − 73　⑭ 108 − 35　⑮ 133 − 64　⑯ 111 − 98

① 154 − 86　② 104 − 9　③ 107 − 78　④ 142 − 75

⑤ 110 − 22　⑥ 150 − 66　⑦ 134 − 52　⑧ 137 − 89

⑨ 102 − 95　⑩ 103 − 7　⑪ 112 − 93　⑫ 114 − 25

⑬ 157 − 69　⑭ 106 − 98　⑮ 101 − 8　⑯ 140 − 56

⑰ 175 − 98　⑱ 100 − 84　⑲ 122 − 85　⑳ 136 − 68

計算れんしゅう（15）

なまえ

① 47 ＋ 39　② 8 ＋ 56　③ 76 ＋ 97　④ 9 ＋ 96

⑤ 38 ＋ 3　⑥ 26 ＋ 54　⑦ 38 ＋ 25　⑧ 86 ＋ 77

⑨ 26 ＋ 35　⑩ 76 ＋ 27　⑪ 48 ＋ 65　⑫ 47 ＋ 83

⑬ 23 ＋ 88　⑭ 9 ＋ 24　⑮ 73 ＋ 28　⑯ 62 ＋ 74

⑰ 64 ＋ 89　⑱ 28 ＋ 22　⑲ 49 ＋ 89　⑳ 92 ＋ 75

計算れんしゅう（16）

なまえ

① 72 － 48　② 127 － 83　③ 96 － 77　④ 80 － 49

⑤ 82 － 62　⑥ 124 － 87　⑦ 109 － 64　⑧ 72 － 35

⑨ 111 － 36　⑩ 41 － 33　⑪ 121 － 27　⑫ 126 － 68

⑬ 102 － 85　⑭ 81 － 66　⑮ 150 － 74　⑯ 52 － 39

⑰ 64 － 27　⑱ 129 － 38　⑲ 144 － 88　⑳ 163 － 69

なまえ

月　日

① 4 × 4　② 3 × 4　③ 2 × 6

④ 5 × 3　⑤ 4 × 6　⑥ 5 × 4

⑦ 3 × 9　⑧ 2 × 1　⑨ 5 × 2

⑩ 5 × 5　⑪ 4 × 7　⑫ 2 × 9

⑬ 5 × 8　⑭ 2 × 8　⑮ 4 × 2

⑯ 2 × 2　⑰ 4 × 3　⑱ 3 × 5

⑲ 3 × 3　⑳ 4 × 5　㉑ 3 × 8

㉒ 4 × 1　㉓ 5 × 1　㉔ 3 × 2

㉕ 2 × 4　㉖ 3 × 1　㉗ 4 × 8

㉘ 5 × 7　㉙ 5 × 9　㉚ 2 × 5

㉛ 4 × 9　㉜ 3 × 6　㉝ 2 × 3

㉞ 3 × 7　㉟ 5 × 6　㊱ 2 × 7

なまえ

月　日

① 3 × 2　② 5 × 9　③ 2 × 2

④ 4 × 3　⑤ 3 × 9　⑥ 5 × 3

⑦ 5 × 4　⑧ 3 × 1　⑨ 3 × 4

⑩ 2 × 4　⑪ 5 × 1　⑫ 2 × 6

⑬ 4 × 6　⑭ 2 × 7　⑮ 4 × 2

⑯ 2 × 1　⑰ 4 × 4　⑱ 5 × 7

⑲ 5 × 2　⑳ 4 × 9　㉑ 3 × 8

㉒ 3 × 5　㉓ 2 × 8　㉔ 4 × 5

㉕ 4 × 1　㉖ 5 × 6　㉗ 2 × 9

㉘ 2 × 5　㉙ 3 × 6　㉚ 3 × 3

㉛ 5 × 8　㉜ 4 × 7　㉝ 2 × 3

㉞ 4 × 8　㉟ 3 × 7　㊱ 5 × 5

計算れんしゅう（19）

① 6×4　②　7×2　③　9×2

④ 9×5　⑤　7×6　⑥　6×8

⑦ 8×2　⑧　9×3　⑨　8×8

⑩ 7×4　⑪　9×9　⑫　6×2

⑬ 8×3　⑭　8×9　⑮　7×1

⑯ 7×7　⑰　6×5　⑱　7×5

⑲ 8×7　⑳　9×8　㉑　8×5

㉒ 6×1　㉓　7×9　㉔　6×7

㉕ 8×6　㉖　9×1　㉗　8×1

㉘ 7×3　㉙　9×4　㉚　7×8

㉛ 9×6　㉜　6×3　㉝　9×7

㉞ 6×6　㉟　8×4　㊱　6×9

計算れんしゅう（20）

① 6×6　②　9×2　③　7×6

④ 9×6　⑤　6×5　⑥　9×4

⑦ 6×8　⑧　7×1　⑨　8×6

⑩ 9×7　⑪　7×5　⑫　6×1

⑬ 6×2　⑭　9×5　⑮　8×4

⑯ 8×1　⑰　7×9　⑱　8×9

⑲ 8×5　⑳　7×4　㉑　9×9

㉒ 6×7　㉓　9×1　㉔　8×3

㉕ 8×7　㉖　7×7　㉗　6×9

㉘ 6×3　㉙　8×2　㉚　9×3

㉛ 7×2　㉜　6×4　㉝　7×8

㉞ 8×8　㉟　7×3　㊱　9×8

計算れんしゅう（21）

なまえ

① 3 × 2　② 5 × 2　③ 4 × 7

④ 6 × 2　⑤ 3 × 8　⑥ 7 × 2

⑦ 5 × 8　⑧ 9 × 2　⑨ 5 × 1

⑩ 8 × 2　⑪ 4 × 3　⑫ 6 × 8

⑬ 5 × 4　⑭ 6 × 5　⑮ 8 × 4

⑯ 7 × 5　⑰ 4 × 4　⑱ 3 × 4

⑲ 2 × 3　⑳ 9 × 8　㉑ 6 × 9

㉒ 9 × 4　㉓ 5 × 3　㉔ 6 × 3

㉕ 3 × 6　㉖ 7 × 7　㉗ 3 × 9

㉘ 8 × 6　㉙ 1 × 1　㉚ 9 × 6

㉛ 7 × 4　㉜ 5 × 7　㉝ 4 × 9

㉞ 6 × 7　㉟ 8 × 7　㊱ 1 × 6

計算れんしゅう（22）

なまえ

① 8 × 3　② 6 × 4　③ 4 × 2

④ 4 × 6　⑤ 9 × 9　⑥ 6 × 6

⑦ 2 × 2　⑧ 7 × 1　⑨ 3 × 7

⑩ 8 × 8　⑪ 5 × 5　⑫ 9 × 5

⑬ 2 × 8　⑭ 7 × 8　⑮ 2 × 7

⑯ 9 × 3　⑰ 7 × 3　⑱ 3 × 5

⑲ 2 × 4　⑳ 3 × 1　㉑ 7 × 6

㉒ 8 × 5　㉓ 4 × 5　㉔ 7 × 9

㉕ 5 × 6　㉖ 8 × 9　㉗ 1 × 2

㉘ 1 × 8　㉙ 4 × 8　㉚ 2 × 5

㉛ 9 × 7　㉜ 5 × 9　㉝ 4 × 1

㉞ 2 × 6　㉟ 3 × 3　㊱ 2 × 9

計算れんしゅう (23)

月　日
なまえ

① 6 × 5　② 9 × 1　③ 4 × 3
④ 4 × 7　⑤ 7 × 4　⑥ 8 × 6
⑦ 8 × 9　⑧ 2 × 3　⑨ 7 × 5
⑩ 7 × 3　⑪ 6 × 6　⑫ 5 × 9
⑬ 9 × 6　⑭ 8 × 5　⑮ 4 × 8
⑯ 5 × 2　⑰ 7 × 6　⑱ 6 × 4
⑲ 3 × 4　⑳ 2 × 7　㉑ 3 × 8
㉒ 8 × 4　㉓ 5 × 3　㉔ 4 × 4
㉕ 7 × 8　㉖ 7 × 2　㉗ 6 × 7
㉘ 6 × 3　㉙ 9 × 7　㉚ 5 × 4
㉛ 3 × 5　㉜ 9 × 3　㉝ 9 × 5
㉞ 6 × 8　㉟ 6 × 2　㊱ 4 × 9
㊲ 9 × 2　㊳ 4 × 5　㊴ 8 × 2
㊵ 5 × 8　㊶ 7 × 9　㊷ 9 × 8
㊸ 4 × 2　㊹ 6 × 9　㊺ 7 × 1
㊻ 1 × 9　㊼ 8 × 3　㊽ 3 × 3
㊾ 9 × 4　㊿ 4 × 6

計算れんしゅう (24)

月　日
なまえ

① 3 × 9　② 6 × 5　③ 4 × 2　④ 8 × 3
⑤ 1 × 2　⑥ 5 × 2　⑦ 7 × 9　⑧ 3 × 2
⑨ 7 × 2　⑩ 2 × 1　⑪ 9 × 2　⑫ 1 × 4
⑬ 4 × 7　⑭ 9 × 4　⑮ 8 × 4　⑯ 4 × 8
⑰ 9 × 5　⑱ 1 × 6　⑲ 3 × 3　⑳ 5 × 9
㉑ 2 × 8　㉒ 6 × 6　㉓ 7 × 3　㉔ 6 × 1
㉕ 5 × 8　㉖ 1 × 9　㉗ 2 × 2　㉘ 1 × 7
㉙ 7 × 4　㉚ 3 × 4　㉛ 4 × 6　㉜ 3 × 7
㉝ 3 × 1　㉞ 9 × 8　㉟ 6 × 7　㊱ 9 × 1
㊲ 8 × 9　㊳ 4 × 5　㊴ 8 × 7　㊵ 2 × 3
㊶ 7 × 5　㊷ 9 × 9　㊸ 4 × 1　㊹ 8 × 8
㊺ 2 × 4　㊻ 5 × 3　㊼ 7 × 6　㊽ 1 × 8
㊾ 5 × 1　㊿ 6 × 8　51 2 × 9　52 4 × 4
53 3 × 5　54 5 × 7　55 7 × 1　56 9 × 7
57 8 × 1　58 2 × 5　59 6 × 3　60 3 × 8
61 9 × 6　62 6 × 2　63 8 × 5　64 1 × 1
65 2 × 7　66 1 × 5　67 2 × 6　68 8 × 2
69 1 × 3　70 7 × 7　71 9 × 3　72 5 × 6
73 6 × 4　74 3 × 6　75 4 × 9　76 7 × 8
77 4 × 3　78 8 × 6　79 5 × 5　80 6 × 9
81 5 × 4

◆ 2年のふくしゅう（1）

● つぎの　数を　数字で　書きましょう。

① 七百十　　　　　　　　　　　　（　　　　　　　）

② 五千九　　　　　　　　　　　　（　　　　　　　）

③ 1000を　6こ，100を　8こ，10を　3こ，1を　9こ
あわせた　数　　　　　　　　　（　　　　　　　）

④ 百のくらいの　数字が　4，十のくらいの　数字が　0，
一のくらいの　数字が　7の　数　（　　　　　　　）

⑤ 10を　65こ　あつめた　数　　（　　　　　　　）

⑥ 100を　70こ　あつめた　数　（　　　　　　　）

⑦ 1000を　10こ　あつめた　数　（　　　　　　　）

⑧ 1000より　100　小さい　数　（　　　　　　　）

◆ 2年のふくしゅう（2）

● ①，②，③の　数の線の　いちばん　小さい　1めもりは
いくつですか。
また，↑の　めもりが　あらわす　数を　書きましょう。

① いちばん　小さい　1めもり　[　　　　]

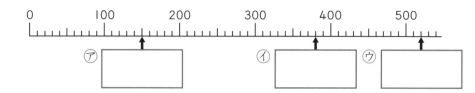

② いちばん　小さい　1めもり　[　　　　]

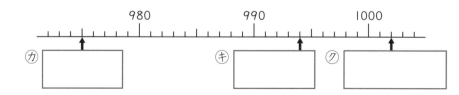

③ いちばん　小さい　1めもり　[　　　　]

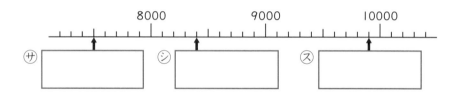

2年のふくしゅう (3) なまえ

● おり紙を 何まいか もって いました。
妹に 15まい あげたので, のこりが 18まいに
なりました。 おり紙は, はじめ 何まい ありましたか。

① ( )に あてはまる ことばや 数を から 2つずつ
えらんで 書いて, 図を かんせいさせましょう。

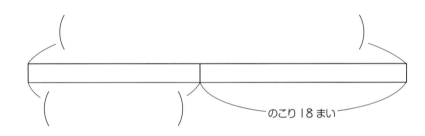

のこり18まい

```
はじめに あった ・ あげた ・ □まい ・ 15まい
```

② しきと 答えを 書きましょう。

しき

答え _____

 2年のふくしゅう (4) なまえ

① □に あてはまる ＞, ＜, ＝ を 書きましょう。

① 789 □ 791 　② 9100 □ 9099

③ 48 □ 6×8 　④ 8701 □ 8710

② 下の れいと 同じように, ひき算を して, その 答えの
たしかめに なる しきを 書きましょう。

```
れい
58 − 23 = 35 ➡ (たしかめ) 35 + 23 = 58
```

① 92 − 68 = □ ➡ (たしかめ) [_____]

② 132 − 75 = □ ➡ (たしかめ) [_____]

🌱2年のふくしゅう (5)

① おり紙が　60まい　あります。2年生の　28人に
　1まいずつ　くばると，何まい　のこりますか。

しき

答え＿＿＿＿＿＿＿

② 赤の　チューリップは，42本　さいて　います。
　白の　チューリップは，それより　6本　少ないです。
　白の　チューリップは　何本　さいて　いますか。

しき

答え＿＿＿＿＿＿＿

③ 魚つりに行き，ひろしさんは　27ひき　つりました。
　お兄さんは，ひろしさんより　8ひき　多く　つりました。
　お兄さんが　つった　魚は　何びきですか。

しき

答え＿＿＿＿＿＿＿

🌱2年のふくしゅう (6)

① ぼくじょうに，おすの　牛が　57頭，めすの　牛が
　86頭　います。ぼくじょうの　牛は，ぜんぶで　何頭ですか。

しき

答え＿＿＿＿＿＿＿

② 86円の　おかしを　買って　100円　はらいました。
　おつりは　何円ですか。

しき

答え＿＿＿＿＿＿＿

③ ひろみさんは，なわとびで　86回　とびました。
　お姉さんは，それより　48回　多く　とびました。
　お姉さんは　なわとびで　何回　とびましたか。

しき

答え＿＿＿＿＿＿＿

2年のふくしゅう (7)

① 1人に　4こずつ，5人に　あめを　くばります。
　あめは　ぜんぶで　何こ　いりますか。

しき

答え _____

② ミニトマトを　3パック　買いました。1パックには
　ミニトマトが　9こずつ　入って　います。ミニトマトは
　ぜんぶで　何こに　なりますか。

しき

答え _____

③ 車　1台に　6人ずつ　のります。車　8台では，
　みんなで　何人　のれますか。

しき

答え _____

④ バケツが　8こ　あります。どの　バケツにも　水を　7L
　入れます。入れた　水は　ぜんぶで　何Lに　なりますか。

しき

答え _____

2年のふくしゅう (8)

① 2年生　ぜんいんが　4れつに　ならぶと，1れつは
　8人ずつに　なりました。2年生は　みんなで　何人ですか。

しき

答え _____

② 4mの　ロープ　6本を　1れつに　ならべました。

① ぜんぶで　何mに　なりますか。

しき

答え _____

② もう　1本　ふやすと，何m　長く　なって，何mに　なりますか。

（　　　　）m　長く　なって，（　　　　）mに　なる。

③ 1ふさに　8本　ついた　バナナが　4ふさと，
　ばらの　バナナが　3本　あります。
　バナナは　ぜんぶで　何本　ありますか。

しき

答え _____

2年のふくしゅう (9)

1　グループが　5つ　あります。1つの　グループは　9人ずつ
です。みんなで　何人　いますか。

しき

答え _____

2　ミニトマトが　きのうは　46こ，今日は　39こ
とれました。あわせて　何こ　とれましたか。

しき

答え _____

3　リボンを　6人に　8cmずつ　切って　わたします。
　　リボンは　ぜんぶで　何cm　いりますか。

しき

答え _____

4　テープが　120cm　ありました。52cm　つかいました。
　　テープは　何cm　のこって　いますか。

しき

答え _____

2年のふくしゅう (10)

1　バスに　25人　のって　います。つぎの　バスていで　8人
おりて，14人　のりました。バスに　のって　いる人は　何人に
なりましたか。

しき

答え _____

2　花　7本ずつで　花たばが　5たば　できました。
　　花は　まだ　5本　のこって　います。
　　花は　ぜんぶで　何本　ありますか。

しき

答え _____

3　1はこに　えんぴつが　6本ずつ　入って　いるのを，
　　5はこ　買いました。そのうち　8本　つかいました。
　　つかって　いない　えんぴつは，何本ですか。

しき

答え _____

2年のふくしゅう (11)

1　下の　形の　□の　長さは　それぞれ　何cmですか。
　　□に　数を　書きましょう。

① 長方形

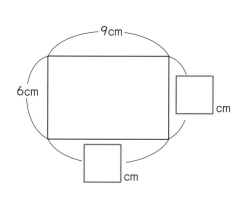

② 正方形

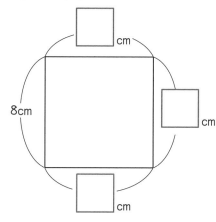

2　右のような　はこの　形に
ついて　答えましょう。

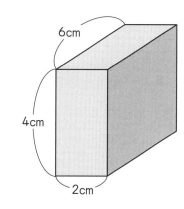

① ちょう点は　いくつ
ありますか。

（　　　）

② 4cmの　へんは　いくつ
ありますか。

（　　　）

③ たて　6cm　よこ　2cmの　面は　いくつ　ありますか。

（　　　）

2年のふくしゅう (12)

1　つぎの　時計の　時こくを　書きましょう。
　　また，その　時こくの　1時間前と　30分後の
　時こくも　書きましょう。

①
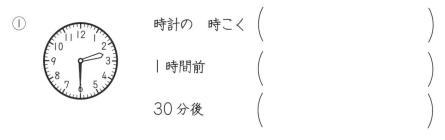
時計の　時こく（　　　　　）
1時間前　（　　　　　）
30分後　（　　　　　）

②
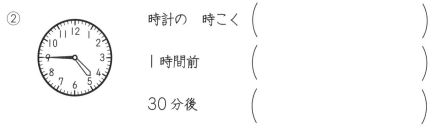
時計の　時こく（　　　　　）
1時間前　（　　　　　）
30分後　（　　　　　）

③
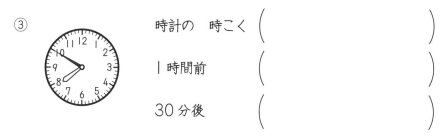
時計の　時こく（　　　　　）
1時間前　（　　　　　）
30分後　（　　　　　）

2　（　）に　あてはまる　数を　書きましょう。

① 1時間 ＝（　　　）分　　② 1時間15分 ＝（　　　）分

③ 90分 ＝（　　　）時間（　　　）分

 **2年のふくしゅう（13）** なまえ

1 左はしから，⑦〜⑦，⑦〜⑦までの 長さは，どれだけですか。

①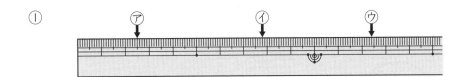

⑦ （　　　　　） ⑦ （　　　　　） ⑦ （　　　　　）

②

⑦ （　　　　　） ⑦ （　　　　　） ⑦ （　　　　　）

2 長さの 計算を しましょう。

① 4mm + 3cm2mm

② 8cm7mm − 4cm

③ 2m + 3m40cm

④ 3m5cm − 2m

 **2年のふくしゅう（14）** なまえ

1 つぎの かさは どれだけですか。

①  （　　　　　）

②  （　　　　　）

③ 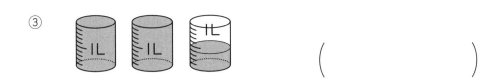 （　　　　　）

2 やかんには 3L5dL，水とうには1L の お茶が あります。

① あわせると，お茶は どれだけに なりますか。

しき

答え ＿＿＿＿＿＿＿＿

② 2つの かさの ちがいは，どれだけですか。

しき

答え ＿＿＿＿＿＿＿＿

🌱 2年のふくしゅう（15）

① （　）に あてはまる 数を 書きましょう。

① 1cm = (　　　) mm　　② 3cm5mm = (　　　) mm

③ 1m = (　　　) cm　　④ 1m8cm = (　　　) cm

⑤ 1L = (　　　) dL　　⑥ 1L5dL = (　　　) dL

⑦ 1L = (　　　) mL　　⑧ 1dL = (　　　) mL

② （　）に あてはまる たんいを 書きましょう。

① きゅう食の 牛にゅうの かさ ……………… 200 (　　　)

② 教室の つくえの 高さ ……………… 65 (　　　)

③ やかんに 入る 水の かさ ……………… 4 (　　　)

④ 学校の ろうかの はば ……………… 3 (　　　)

⑤ 1円玉の あつさ ……………… 1 (　　　)

🌱 2年のふくしゅう（16）

● すきな くだものを しらべました。

① ひょうや グラフに あらわしましょう。

すきな くだものしらべ

くだもの	もも	すいか	いちご	みかん	りんご
人数					

すきな くだものしらべ

○				
○				
○				
○				
○				
もも	すいか	いちご	みかん	りんご

② いちばん すきな 人が 多いのは 何ですか。

(　　　　　　)

③ ももと みかんの 人数の ちがいは 何人ですか。

(　　　　　　) 人

P.4

11 かけ算① かけ算 (1)   なまえ　月　日

● 絵を 見て，□に あてはまる 数を 書きましょう。

① コーヒーカップに のって いる 人数は，
1台に 2 人ずつ， 4 台分で 8 人です。

② ジェットコースターに のって いる 人数は，
1台に 5 人ずつ， 2 台分で 10 人です。

③ 船に のって いる 人数は，
1そうに 4 人ずつ， 3 そう分で 12 人です。

11 かけ算① かけ算 (2)   なまえ　月　日

● 絵を 見て，□に あてはまる 数を 書きましょう。

ケーキは，
1さらに 2 こずつ， 3 さら分で 6 こです。

クッキーは，
1さらに 5 まいずつ， 2 さら分で 10 まいです。

③
あめは，
1ふくろに 4 こずつ， 3 ふくろ分で 12 こです。

④
キャラメルは，
1はこに 2 こずつ， 5 はこ分で 10 こです。

P.5

11 かけ算① かけ算 (3)   なまえ　月　日

● 絵を 見て，□に あてはまる 数を 書きましょう。

子どもは，1台に 5 人ずつ， 3 台分で 15 人です。

しき 5 × 3 = 15

②
子どもは，1台に 2 人ずつ， 4 台分で 8 人です。

しき 2 × 4 = 8

子どもは，1台に 4 人ずつ， 2 台分で 8 人です。

しき 4 × 2 = 8

11 かけ算① かけ算 (4)   なまえ　月　日

● 絵を 見て，□に あてはまる 数を 書きましょう。

シュークリームは，
1はこに 2 こずつ， 6 はこ分で 12 こです。

しき 2 × 6 = 12

②
いちごは，
1さらに 6 こずつ， 3 さら分で 18 こです。

しき 6 × 3 = 18

③
ゼリーは，
1ふくろに 3 こずつ， 5 ふくろ分で 15 こです。

しき 3 × 5 = 15

P.6

11 かけ算① かけ算 (5)   なまえ　月　日

● 絵を 見て，かけ算の しきに 書きましょう。

① おにぎり

しき 5 × 4 = 20

② りんご

しき 3 × 5 = 15

③ もも

しき 4 × 2 = 8

④ せんべい

しき 5 × 3 = 15

11 かけ算① かけ算 (6)   なまえ　月　日

● 絵を 見て，かけ算の しきに 書きましょう。

① 金魚

しき 3 × 4 = 12

② クレヨン

しき 6 × 3 = 18

③ カブトムシ

しき 4 × 5 = 20

④ チューリップ

しき 5 × 6 = 30

P.7

11 かけ算① かけ算 (7)   なまえ　月　日

● 絵を 見て，かけ算の しきに 書きましょう。

① みかん

しき 2 × 6 = 12

② たこやき

しき 6 × 3 = 18

③ たまご

しき 5 × 4 = 20

④ チョコレート

しき 9 × 3 = 27

11 かけ算① かけ算 (8)   なまえ　月　日

● 絵を 見て，かけ算の しきに 書きましょう。

① プリン

しき 3 × 5 = 15

② チューリップ

しき 6 × 4 = 24

③ だんご

しき 3 × 6 = 18

④ ドーナツ

しき 8 × 3 = 24

P.8

11 かけ算① かけ算 (9)　　なまえ　　月　日

● おはじきの 絵を 見て，かけ算の しきに 書きましょう。

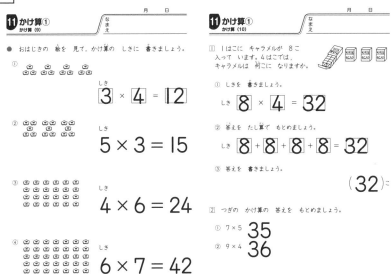

① しき $3 \times 4 = 12$

② しき $5 \times 3 = 15$

③ しき $4 \times 6 = 24$

④ しき $6 \times 7 = 42$

11 かけ算① かけ算 (10)　　なまえ　　月　日

① １はこに キャラメルが ８こ 入って います。４はこでは，キャラメルは 何こに なりますか。

① しきを 書きましょう。

しき $8 \times 4 = 32$

② 答えを たし算で もとめましょう。

しき $8 + 8 + 8 + 8 = 32$

③ 答えを 書きましょう。

（32）こ

② つぎの かけ算の 答えを もとめましょう。

① 7 × 5　35

② 9 × 4　36

8

P.9

11 かけ算① かけ算 (11)　　なまえ　　月　日

① 4cmの ２つ分の 長さは，何cmですか。

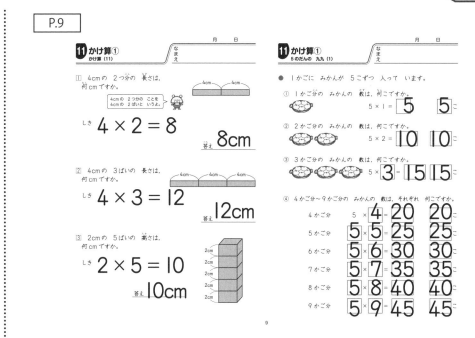

4cmの ２つ分の ことを 4cmの ２ばいと いうよ。

しき $4 \times 2 = 8$

答え 8cm

② 4cmの ３ばいの 長さは，何cmですか。

しき $4 \times 3 = 12$

答え 12cm

③ 2cmの ５ばいの 高さは，何cmですか。

しき $2 \times 5 = 10$

答え 10cm

11 かけ算① 5のだんの 九九 (1)　　なまえ　　月　日

● １かごに みかんが ５こずつ 入って います。

① １かご分の みかんの 数は，何こですか。

$5 \times 1 = 5$　5こ

② ２かご分の みかんの 数は，何こですか。

$5 \times 2 = 10$　10こ

③ ３かご分の みかんの 数は，何こですか。

$5 \times 3 = 15$　15こ

④ ４かご分〜９かご分の みかんの 数は，それぞれ 何こですか。

4かご分	$5 \times 4 = 20$　20こ
5かご分	$5 \times 5 = 25$　25こ
6かご分	$5 \times 6 = 30$　30こ
7かご分	$5 \times 7 = 35$　35こ
8かご分	$5 \times 8 = 40$　40こ
9かご分	$5 \times 9 = 45$　45こ

9

P.10

11 かけ算① 5のだんの 九九 (2)　　なまえ　　月　日

① 5のだんの 九九の 答えを 書いて，れんしゅうしましょう。

① 5 × 1 = 5　五一が 5
② 5 × 2 = 10　五二 10
③ 5 × 3 = 15　五三 15
④ 5 × 4 = 20　五四 20
⑤ 5 × 5 = 25　五五 25
⑥ 5 × 6 = 30　五六 30
⑦ 5 × 7 = 35　五七 35
⑧ 5 × 8 = 40　五八 40
⑨ 5 × 9 = 45　五九 45

② 5のだんの 計算を しましょう。

① 5 × 2　10
② 5 × 4　20
③ 5 × 8　40
④ 5 × 3　15
⑤ 5 × 1　5
⑥ 5 × 9　45
⑦ 5 × 5　25
⑧ 5 × 7　35
⑨ 5 × 6　30

11 かけ算① 5のだんの 九九 (3)　　なまえ　　月　日

① １つの グループは，５人ずつです。４グループでは，みんなで 何人に なりますか。

しき $5 \times 4 = 20$

答え 20人

② チョコレートが ５こずつ 入った はこが，６はこ あります。チョコレートは，ぜんぶで 何こ ありますか。

しき $5 \times 6 = 30$

答え 30こ

③ 5cmの ５ばいは，何cmですか。

しき $5 \times 5 = 25$

答え 25cm

10

P.11

11 かけ算① 2のだんの 九九 (1)　　なまえ　　月　日

● １台の 自てん車に ２人ずつ のって います。

① 自てん車が １台では，何人ですか。

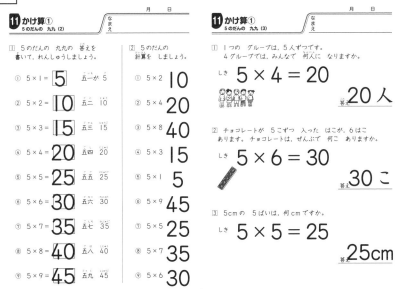

$2 \times 1 = 2$　2人

② 自てん車が ２台では，何人ですか。

$2 \times 2 = 4$　4人

③ 自てん車が ３台では，何人ですか。

$2 \times 3 = 6$　6人

④ 自てん車が ４台〜９台では，それぞれ 何人ですか。

4台	$2 \times 4 = 8$　8人
5台	$2 \times 5 = 10$　10人
6台	$2 \times 6 = 12$　12人
7台	$2 \times 7 = 14$　14人
8台	$2 \times 8 = 16$　16人
9台	$2 \times 9 = 18$　18人

11 かけ算① 2のだんの 九九 (2)　　なまえ　　月　日

① 2のだんの 九九の 答えを 書いて，れんしゅうしましょう。

① 2 × 1 = 2　二一が 2
② 2 × 2 = 4　二二が 4
③ 2 × 3 = 6　二三が 6
④ 2 × 4 = 8　二四が 8
⑤ 2 × 5 = 10　二五 10
⑥ 2 × 6 = 12　二六 12
⑦ 2 × 7 = 14　二七 14
⑧ 2 × 8 = 16　二八 16
⑨ 2 × 9 = 18　二九 18

② 2のだんの 計算を しましょう。

① 2 × 2　4
② 2 × 3　6
③ 2 × 6　12
④ 2 × 8　16
⑤ 2 × 5　10
⑥ 2 × 9　18
⑦ 2 × 4　8
⑧ 2 × 1　2
⑨ 2 × 7　14

11

児童に実施させる前に，必ず指導される方が問題を解いてください。本書の解答は，あくまでも１つの例です。指導される方の作られた解答をもとに，本書の解答例を参考に児童の多様な考えに寄り添って○つけをお願いします。

P.12

11 かけ算①
2のだんの 九九 (3)

なまえ 月 日

① 1この コップに 2dLずつ 牛にゅうを 入れます。コップは 6こ あります。

① 牛にゅうは ぜんぶで 何dL いりますか。

しき $2 \times 6 = 12$

答え 12dL

② コップを もう 1こ ふやすと，牛にゅうは 何dL 多く なりますか。また，ぜんぶで 何dLに なりますか。

(2)dL 多く なり，ぜんぶて (14)dLに なる。

② ヨーグルトが 4パック あります。1パックに 2こずつ 入って います。ヨーグルトは ぜんぶで 何こ ありますか。

しき $2 \times 4 = 8$

答え 8こ

11 かけ算①
3のだんの 九九 (1)

なまえ 月 日

● おり紙を 1人に 3まいずつ くばります。

① 1人に くばると，おり紙は 何まい いりますか。

$3 \times 1 = 3$ 3まい

② 2人に くばると，おり紙は 何まい いりますか。

$3 \times 2 = 6$ 6まい

③ 3人に くばると，おり紙は 何まい いりますか。

$3 \times 3 = 9$ 9まい

④ 4人〜9人に くばると，おり紙は それぞれ 何まい いりますか。

4人	$3 \times 4 = 12$	12まい	
5人	$3 \times 5 = 15$	15まい	
6人	$3 \times 6 = 18$	18まい	
7人	$3 \times 7 = 21$	21まい	
8人	$3 \times 8 = 24$	24まい	
9人	$3 \times 9 = 27$	27まい	

12

P.13

11 かけ算①
3のだんの 九九 (2)

なまえ 月 日

① 3のだんの 九九の 答えを 書いて，れんしゅうしましょう。

① $3 \times 1 = 3$ 三一が 3
② $3 \times 2 = 6$ 三二が 6
③ $3 \times 3 = 9$ 三三が 9
④ $3 \times 4 = 12$ 三四 12
⑤ $3 \times 5 = 15$ 三五 15
⑥ $3 \times 6 = 18$ 三六 18
⑦ $3 \times 7 = 21$ 三七 21
⑧ $3 \times 8 = 24$ 三八 24
⑨ $3 \times 9 = 27$ 三九 27

② 3のだんの 計算を しましょう。

① 3×3 9
② 3×2 6
③ 3×6 18
④ 3×7 21
⑤ 3×4 12
⑥ 3×9 27
⑦ 3×1 3
⑧ 3×8 24
⑨ 3×5 15

11 かけ算①
3のだんの 九九 (3)

なまえ 月 日

① 1この 高さが 3cmの つみ木を つみます。

① 8こ つむと，高さは 何cmに なりますか。

しき $3 \times 8 = 24$

答え 24cm

3cm

② つみ木を もう 1こ ふやすと，何cm 高く なりますか。また，ぜんぶて 高さは 何cmに なりますか。

(3)cm 高く なり，ぜんぶて (27)cmに なる。

② 三りん車が 5台 あります。1台に タイヤが 3こずつ ついて います。タイヤは ぜんぶで 何こ ありますか。

しき $3 \times 5 = 15$

答え 15こ

13

P.14

11 かけ算①
4のだんの 九九 (1)

なまえ 月 日

● 1さらに おにぎりが 4こずつ のって います。

① 1さら分の おにぎりの 数は，何こですか。

$4 \times 1 = 4$ 4こ

② 2さら分の おにぎりの 数は，何こですか。

$4 \times 2 = 8$ 8こ

③ 3さら分の おにぎりの 数は，何こですか。

$4 \times 3 = 12$ 12こ

④ 4さら分〜9さら分の おにぎりの 数は，それぞれ 何こですか。

4さら分	$4 \times 4 = 16$	16こ	
5さら分	$4 \times 5 = 20$	20こ	
6さら分	$4 \times 6 = 24$	24こ	
7さら分	$4 \times 7 = 28$	28こ	
8さら分	$4 \times 8 = 32$	32こ	
9さら分	$4 \times 9 = 36$	36こ	

14

11 かけ算①
4のだんの 九九 (2)

なまえ 月 日

① 4のだんの 九九の 答えを 書いて，れんしゅうしましょう。

① $4 \times 1 = 4$ 四一が 4
② $4 \times 2 = 8$ 四二が 8
③ $4 \times 3 = 12$ 四三 12
④ $4 \times 4 = 16$ 四四 16
⑤ $4 \times 5 = 20$ 四五 20
⑥ $4 \times 6 = 24$ 四六 24
⑦ $4 \times 7 = 28$ 四七 28
⑧ $4 \times 8 = 32$ 四八 32
⑨ $4 \times 9 = 36$ 四九 36

② 4のだんの 計算を しましょう。

① 4×2 8
② 4×8 32
③ 4×6 24
④ 4×7 28
⑤ 4×1 4
⑥ 4×5 20
⑦ 4×9 36
⑧ 4×4 16
⑨ 4×3 12

P.15

11 かけ算①
4のだんの 九九 (3)

なまえ 月 日

① 1この プランターに，ミニトマトの なえを 4本ずつ うえます。

① プランター 6こ分では，なえは 何本 いりますか。

しき $4 \times 6 = 24$

答え 24本

② プランターが もう 1こ ふえると，なえは 何本 ふえますか。また，ぜんぶて 何本に なりますか。

(4)本 ふえて，ぜんぶて (28)本に なる。

② 答えが 同じに なる 九九を 見つけましょう。

① 4×5と 答えが 同じに なる 5のだんの 九九。

$5 \times 4 = 20$

② 4×2と 答えが 同じに なる 2のだんの 九九。

$2 \times 4 = 8$

11 かけ算①
2のだん〜5のだんの 九九 (1)

なまえ 月 日

① 2×2 4
② 5×1 5
③ 3×4 12
④ 4×3 12
⑤ 3×9 27
⑥ 5×6 30
⑦ 5×2 10
⑧ 4×9 36
⑨ 4×4 16
⑩ 4×7 28
⑪ 3×7 21
⑫ 2×3 6

15

P.16

11 かけ算①
2のだん～5のだんの 九九 (2)　なまえ

① 2×4 **8**　　② 5×7 **35**
③ 3×8 **24**　④ 4×5 **20**
⑤ 2×5 **10**　⑥ 5×8 **40**
⑦ 3×3 **9**　　⑧ 5×5 **25**
⑨ 2×6 **12**　⑩ 2×7 **14**
⑪ 3×2 **6**　　⑫ 4×8 **32**
⑬ 5×3 **15**　⑭ 2×1 **2**
⑮ 3×5 **15**　⑯ 5×6 **30**
⑰ 4×6 **24**　⑱ 5×9 **45**

11 かけ算①
2のだん～5のだんの 九九 (3)　なまえ

① 4×1 **4**　　② 5×4 **20**　③ 2×8 **16**
④ 3×6 **18**　⑤ 2×6 **12**　⑥ 3×4 **12**
⑦ 4×8 **32**　⑧ 5×9 **45**　⑨ 4×3 **12**
⑩ 2×9 **18**　⑪ 3×5 **15**　⑫ 2×5 **10**
⑬ 4×5 **20**　⑭ 5×2 **10**　⑮ 5×3 **15**
⑯ 3×2 **6**　　⑰ 3×1 **3**　　⑱ 4×6 **24**
⑲ 5×1 **5**　　⑳ 5×5 **25**　㉑ 4×2 **8**
㉒ 2×2 **4**　　㉓ 4×4 **16**　㉔ 3×8 **24**

P.17

11 かけ算①
2のだん～5のだんの 九九 (4)　なまえ

① 5×6 **30**　② 2×7 **14**　③ 5×4 **20**
④ 3×7 **21**　⑤ 3×3 **9**　　⑥ 2×3 **6**
⑦ 2×4 **8**　　⑧ 4×9 **36**　⑨ 5×7 **35**
⑩ 4×7 **28**　⑪ 5×8 **40**　⑫ 3×9 **27**
⑬ 3×8 **24**　⑭ 5×3 **15**　⑮ 5×9 **45**
⑯ 4×8 **32**　⑰ 4×4 **16**　⑱ 3×1 **3**
⑲ 2×9 **18**　⑳ 3×2 **6**　　㉑ 3×4 **12**
㉒ 5×5 **25**　㉓ 3×5 **15**　㉔ 4×2 **8**

11 かけ算①
2のだん～5のだんの 九九 (5)　なまえ

① 2×8 **16**　② 3×6 **18**　③ 4×6 **24**
④ 5×7 **35**　⑤ 2×4 **8**　　⑥ 4×3 **12**
⑦ 3×7 **21**　⑧ 5×9 **45**　⑨ 3×5 **15**
⑩ 2×1 **2**　　⑪ 4×7 **28**　⑫ 3×2 **6**
⑬ 3×3 **9**　　⑭ 5×1 **5**　　⑮ 4×8 **32**
⑯ 5×4 **20**　⑰ 3×8 **24**　⑱ 2×2 **4**
⑲ 3×6 **6**　　⑳ 3×5 **15**　㉑ 5×8 **40**
㉒ 5×6 **30**　㉓ 3×4 **12**　㉔ 2×9 **18**
㉕ 4×1 **4**　　㉖ 2×5 **10**　㉗ 4×5 **20**
㉘ 2×6 **12**　㉙ 3×1 **3**　　㉚ 5×2 **10**
㉛ 2×7 **14**　㉜ 4×4 **16**　㉝ 3×9 **27**
㉞ 4×9 **36**　㉟ 4×2 **8**　　㊱ 5×5 **25**

P.18

11 かけ算①
2のだん～5のだんの 九九 (6)　なまえ

① 2×4 **8**　　② 5×4 **20**　③ 4×7 **28**
④ 3×6 **18**　⑤ 5×6 **30**　⑥ 3×5 **15**
⑦ 4×8 **32**　⑧ 3×1 **3**　　⑨ 2×5 **10**
⑩ 2×6 **12**　⑪ 4×6 **24**　⑫ 5×5 **25**
⑬ 5×7 **35**　⑭ 2×1 **2**　　⑮ 3×8 **24**
⑯ 3×7 **21**　⑰ 3×4 **12**　⑱ 4×5 **20**
⑲ 2×9 **18**　⑳ 5×2 **10**　㉑ 2×3 **6**
㉒ 4×9 **36**　㉓ 2×7 **14**　㉔ 5×8 **40**
㉕ 2×2 **4**　　㉖ 4×2 **8**　　㉗ 3×2 **6**
㉘ 3×9 **27**　㉙ 5×9 **45**　㉚ 4×1 **4**
㉛ 4×3 **12**　㉜ 2×8 **16**　㉝ 5×1 **5**
㉞ 3×3 **9**　　㉟ 4×4 **16**　㊱ 5×3 **15**

11 かけ算①
2のだん～5のだんの 九九 (7)　なまえ

「1つ分の 数」×「いくつ分」=「ぜんぶの 数」

① おり紙を 4人に，5まいずつ くばります。
　おり紙は，ぜんぶで 何まい いりますか。
しき **5×4=20**
　　20まい

② おり紙を 1人に 4まいずつ，5人に くばります。
　おり紙は，ぜんぶで 何まい いりますか。
しき **4×5=20**
　　20まい

③ 4×3の しきに なる もんだいを つくります。
　□に 数を 書きましょう。

4人ずつ のって いる 車が，**3**台 あります。
のって いるのは，ぜんぶで 何人ですか。

P.19

11 かけ算①
2のだん～5のだんの 九九 (8)　なまえ

① 3×5の しきに なる もんだいを つくります。
　□に 数を 書きましょう。

りんごが 入って いる ふくろが **5** ふくろ あります。
1ふくろには，**3** こずつ 入って います。
りんごは ぜんぶで 何こ ありますか。

② 3つの はこに，アイスカップが 2こずつ 入って います。
　アイスカップは，ぜんぶで 何こ ありますか。

① 1はこ分の アイスカップの 数は いくつですか。
　　　　　　　　　　　　　（ **2** ）こ

② もんだいに 合う 図は，
　右の ⑦，⑦の どちらですか。
　　　　　　　　（ **⑦** ）

③ しきと 答えを 書きましょう。
しき **2×3=6**
　　答え **6**こ

11 ふりかえり・たしかめ (1)
かけ算①　なまえ

● 絵を 見て，しきと 答えを 書きましょう。

① あめは，ぜんぶで 何こですか。
しき **5×3=15**　答え **15**こ

② おすしは，ぜんぶで 何こですか。
しき **2×5=10**　答え **10**こ

③ 3さつ ならべると，はばは
　何cmに なりますか。
しき **4×3=12**
　　答え **12cm**

④ ジュースは，ぜんぶで 何Lに
　なりますか。
しき **2×6=12**
　　答え **12L**

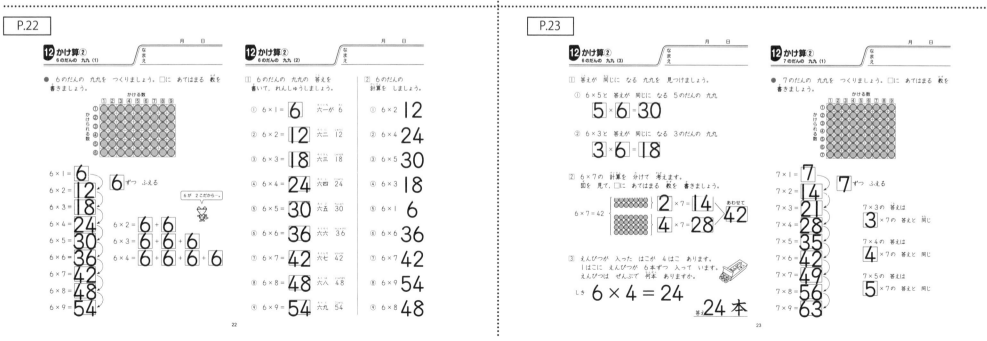

P.20

⑪ ふりかえり・たしかめ (2) かけ算①　なまえ　月　日

① 2×7 = 14　② 4×4 = 16　③ 3×6 = 18
④ 5×4 = 20　⑤ 3×5 = 15　⑥ 4×5 = 20
⑦ 2×8 = 16　⑧ 4×6 = 24　⑨ 5×3 = 15
⑩ 3×7 = 21　⑪ 3×4 = 12　⑫ 2×6 = 12
⑬ 2×5 = 10　⑭ 5×6 = 30　⑮ 4×3 = 12
⑯ 4×7 = 28　⑰ 2×4 = 8　⑱ 3×3 = 9
⑲ 5×9 = 45　⑳ 3×2 = 6　㉑ 2×3 = 6
㉒ 3×9 = 27　㉓ 2×9 = 18　㉔ 4×9 = 36
㉕ 2×2 = 4　㉖ 4×2 = 8　㉗ 5×2 = 10
㉘ 3×1 = 3　㉙ 5×8 = 40　㉚ 2×1 = 2
㉛ 5×7 = 35　㉜ 4×1 = 4　㉝ 5×5 = 25
㉞ 3×8 = 24　㉟ 5×1 = 5　㊱ 4×8 = 32

⑪ ふりかえり・たしかめ (3) かけ算①　なまえ　月　日

① 1つの へんの 長さが 3cmの 正方形が あります。

① まわりの 長さは，1つの へんの 長さの 何ばいですか。
（4 ばい）

② まわりの 長さは 何cmですか。
しき 3×4 = 12
答え 12cm

② ボートが 7そう あります。1そうに 3人ずつ のります。

① ぜんぶで 何人 のれますか。
しき 3×7 = 21
答え 21人

② ボートが もう 1そう あると，のれる 人は 何人 ふえて，ぜんぶで 何人に なりますか。
（3）人 ふえて，ぜんぶで（24）人に なる。

P.21

⑪ まとめのテスト かけ算①

しき 3×8 = 24　答え 24人
しき 5×6 = 30　答え 30こ
しき 4×6 = 24　答え 24cm
（4）cmに
（28）cmに
（3）人に

みかんは，1ふくろに 3こずつ．
これを 4ふくろ 書くと，
3×4 = 12

まわりは，1ふくろ 5こずつ．
これを 3ふくろ 書くと，
5×3 = 15

② 計算を しましょう。
① 4×7 = 28　② 5×6 = 30　③ 3×9 = 27
④ 2×8 = 16　⑤ 4×6 = 24　⑥ 3×7 = 21

P.22

⑫ かけ算② 6のだんの 九九 (1)　なまえ　月　日

● 6のだんの 九九を つくりましょう。□に あてはまる 数を 書きましょう。

6×1 = 6　　6 ずつ ふえる
6×2 = 12
6×3 = 18
6×4 = 24　　6×2 = 6 + 6
6×5 = 30　　6×3 = 6 + 6 + 6
6×6 = 36　　6×4 = 6 + 6 + 6 + 6
6×7 = 42
6×8 = 48
6×9 = 54

⑫ かけ算② 6のだんの 九九 (2)　なまえ　月　日

① 6のだんの 九九の 答えを 書いて，れんしゅうしましょう。
① 6×1 = 6　六一が 6
② 6×2 = 12　六二 12
③ 6×3 = 18　六三 18
④ 6×4 = 24　六四 24
⑤ 6×5 = 30　六五 30
⑥ 6×6 = 36　六六 36
⑦ 6×7 = 42　六七 42
⑧ 6×8 = 48　六八 48
⑨ 6×9 = 54　六九 54

② 6のだんの 計算を しましょう。
① 6×2 = 12
② 6×4 = 24
③ 6×5 = 30
④ 6×3 = 18
⑤ 6×1 = 6
⑥ 6×6 = 36
⑦ 6×7 = 42
⑧ 6×9 = 54
⑨ 6×8 = 48

P.23

⑫ かけ算② 6のだんの 九九 (3)　なまえ　月　日

① 答えが 同じに なる 九九を 見つけましょう。

① 6×5と 答えが 同じに なる 5のだんの 九九
5×6 = 30

② 6×3と 答えが 同じに なる 3のだんの 九九
3×6 = 18

② 6×7の 計算を 分けて 考えます。図を 見て，□に あてはまる 数を 書きましょう。
6×7 = 42
2×7 = 14
4×7 = 28
あわせて 42

③ えんぴつが 入った はこが 4はこ あります。1はこに えんぴつが 6本ずつ 入って います。えんぴつは ぜんぶで 何本 ありますか。
しき 6×4 = 24
答え 24本

⑫ かけ算② 7のだんの 九九 (1)　なまえ　月　日

● 7のだんの 九九を つくりましょう。□に あてはまる 数を 書きましょう。

7×1 = 7　　7 ずつ ふえる
7×2 = 14
7×3 = 21　　7×3の 答えは 3×7の 答えと 同じ
7×4 = 28　　7×4の 答えは 4×7の 答えと 同じ
7×5 = 35　　7×5の 答えは 5×7の 答えと 同じ
7×6 = 42
7×7 = 49
7×8 = 56
7×9 = 63

P.24

⑫ かけ算②
7のだんの 九九 (2)　　なまえ

① 7のだんの 九九の 答えを 書いて，れんしゅうしましょう。

① 7×1 = 7　七一が 7
② 7×2 = 14　七二 14
③ 7×3 = 21　七三 21
④ 7×4 = 28　七四 28
⑤ 7×5 = 35　七五 35
⑥ 7×6 = 42　七六 42
⑦ 7×7 = 49　七七 49
⑧ 7×8 = 56　七八 56
⑨ 7×9 = 63　七九 63

② 7のだんの 計算を しましょう。

① 7×5　35
② 7×7　49
③ 7×9　63
④ 7×2　14
⑤ 7×6　42
⑥ 7×3　21
⑦ 7×1　7
⑧ 7×4　28
⑨ 7×8　56

⑫ かけ算②
7のだんの 九九 (3)　　なまえ

① 下の 図のように，スタートから 7mごとに 木が 立って います。スタートから 6本めまでの きょりは 何mですか。

しき　$7 \times 6 = 42$　答え $42m$

② 7×4の 計算を 分けて 考えます。図を 見て，□に あてはまる 数を 書きましょう。

7×4 = 28　2 ×4 = 8
　　　　　5 ×4 = 20　あわせて 28

③ 7Lの 8ばいは，何Lですか。

しき　$7 \times 8 = 56$　答え $56L$

24

P.25

⑫ かけ算②
8のだんの 九九 (1)　　なまえ

● 8のだんの 九九を つくりましょう。□に あてはまる 数を 書きましょう。

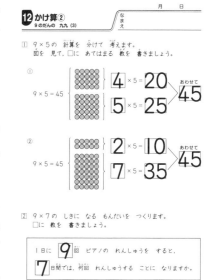

8×1 = 8
8×2 = 16
8×3 = 24
8×4 = 32
8×5 = 40
8×6 = 48
8×7 = 56
8×8 = 64
8×9 = 72

8 ずつ ふえる

8×2の 答えは 2 ×8の 答えと 同じ
8×5の 答えは 5 ×8の 答えと 同じ
8×6の 答えは 6 ×8の 答えと 同じ

⑫ かけ算②
8のだんの 九九 (2)　　なまえ

① 8のだんの 九九の 答えを 書いて，れんしゅうしましょう。

① 8×1 = 8　八一が 8
② 8×2 = 16　八二 16
③ 8×3 = 24　八三 24
④ 8×4 = 32　八四 32
⑤ 8×5 = 40　八五 40
⑥ 8×6 = 48　八六 48
⑦ 8×7 = 56　八七 56
⑧ 8×8 = 64　八八 64
⑨ 8×9 = 72　八九 72

② 8のだんの 計算を しましょう。

① 8×5　40
② 8×9　72
③ 8×1　8
④ 8×2　16
⑤ 8×8　64
⑥ 8×4　32
⑦ 8×3　24
⑧ 8×7　56
⑨ 8×6　48

25

P.26

⑫ かけ算②
8のだんの 九九 (3)　　なまえ

① 8×6の 計算を 分けて 考えます。図を 見て，□に あてはまる 数を 書きましょう。

8×6 = 48　3 ×6 = 18
　　　　　5 ×6 = 30　あわせて 48

② たこが 5ひき います。たこ 1ぴきに 足は 8本 あります。ぜんぶで 足は 何本 ありますか。

しき　$8 \times 5 = 40$　答え 40 本

③ 8cmの テープを 7本 作ります。テープは，何cm いりますか。

しき　$8 \times 7 = 56$　答え 56 cm

⑫ かけ算②
9のだんの 九九 (1)　　なまえ

● 9のだんの 九九を つくりましょう。□に あてはまる 数を 書きましょう。

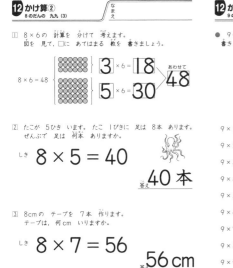

9×1 = 9
9×2 = 18
9×3 = 27
9×4 = 36
9×5 = 45
9×6 = 54
9×7 = 63
9×8 = 72
9×9 = 81

9 ずつ ふえる

9×4の 答えは 4 ×9の 答えと 同じ
9×6の 答えは 6 ×9の 答えと 同じ
9×8の 答えは 8 ×9の 答えと 同じ

26

P.27

⑫ かけ算②
9のだんの 九九 (2)　　なまえ

① 9のだんの 九九の 答えを 書いて，れんしゅうしましょう。

① 9×1 = 9　九一が 9
② 9×2 = 18　九二 18
③ 9×3 = 27　九三 27
④ 9×4 = 36　九四 36
⑤ 9×5 = 45　九五 45
⑥ 9×6 = 54　九六 54
⑦ 9×7 = 63　九七 63
⑧ 9×8 = 72　九八 72
⑨ 9×9 = 81　九九 81

② 9のだんの 計算を しましょう。

① 9×1　9
② 9×9　81
③ 9×5　45
④ 9×7　63
⑤ 9×2　18
⑥ 9×8　72
⑦ 9×4　36
⑧ 9×3　27
⑨ 9×6　54

⑫ かけ算②
9のだんの 九九 (3)　　なまえ

① 9×5の 計算を 分けて 考えます。図を 見て，□に あてはまる 数を 書きましょう。

①
9×5 = 45　4 ×5 = 20
　　　　　5 ×5 = 25　あわせて 45

②
9×5 = 45　2 ×5 = 10
　　　　　7 ×5 = 35　あわせて 45

② 9×7の しきに なる もんだいを つくります。□に 数を 書きましょう。

1日に 9 回 ピアノの れんしゅうを すると，7 日間では，何回 れんしゅうする ことに なりますか。

27

P.28

12 かけ算② 1のだんの 九九

① 1のだんの 九九の 答えを 書いて，れんしゅうしましょう。

① $1 \times 1 = 1$　一一が 1
② $1 \times 2 = 2$　一二が 2
③ $1 \times 3 = 3$　一三が 3
④ $1 \times 4 = 4$　一四が 4
⑤ $1 \times 5 = 5$　一五が 5
⑥ $1 \times 6 = 6$　一六が 6
⑦ $1 \times 7 = 7$　一七が 7
⑧ $1 \times 8 = 8$　一八が 8
⑨ $1 \times 9 = 9$　一九が 9

② 1のだんの 九九の 答えは，いくつずつ ふえて いますか。

1 ずつ

③ 答えが 同じに なるように，□に 数を 書きましょう。

① 1×3と 同じ　3×1
② 1×5と 同じ　5×1
③ 1×7と 同じ　7×1

12 かけ算② 6のだん〜9のだんの 九九 (1)

① 8×6　48　② 7×3　21
③ 7×8　56　④ 7×4　28
⑤ 8×9　72　⑥ 7×7　49
⑦ 9×4　36　⑧ 6×4　24
⑨ 6×7　42　⑩ 6×2　12
⑪ 8×7　56　⑫ 9×2　18

P.29

12 かけ算② 6のだん〜9のだんの 九九 (2)

① 6×6　36　② 9×1　9
③ 7×5　35　④ 9×8　72
⑤ 9×7　63　⑥ 9×5　45
⑦ 7×1　7　⑧ 7×6　42
⑨ 8×4　32　⑩ 8×5　40
⑪ 6×3　18　⑫ 7×9　63

12 かけ算② 6のだん〜9のだんの 九九 (3)

① 7×7　49　② 9×6　54　③ 9×9　81
④ 6×9　54　⑤ 6×8　48　⑥ 6×5　30
⑦ 9×3　27　⑧ 8×2　16　⑨ 8×8　64
⑩ 9×4　36　⑪ 7×3　21　⑫ 8×1　8
⑬ 8×5　40　⑭ 6×4　24　⑮ 6×7　42
⑯ 9×7　63　⑰ 9×8　72　⑱ 7×4　28
⑲ 8×7　56　⑳ 9×5　45　㉑ 7×9　63
㉒ 7×2　14　㉓ 8×3　24　㉔ 7×5　35

P.30

12 かけ算② 6のだん〜9のだんの 九九 (4)

① 6×3　18　② 9×2　18　③ 9×6　54
④ 8×6　48　⑤ 6×2　12　⑥ 6×6　36
⑦ 7×6　42　⑧ 6×5　30　⑨ 8×4　32
⑩ 9×9　81　⑪ 8×9　72　⑫ 7×7　49
⑬ 6×7　42　⑭ 7×2　14　⑮ 6×9　54
⑯ 9×7　63　⑰ 8×8　64　⑱ 9×8　72
⑲ 9×4　36　⑳ 6×4　24　㉑ 7×8　56
㉒ 7×5　35　㉓ 9×5　45　㉔ 7×9　63

12 かけ算② 6のだん〜9のだんの 九九 (5)

① 9×1　9　② 8×6　48　③ 6×2　12
④ 6×7　42　⑤ 9×3　27　⑥ 8×1　8
⑦ 6×9　54　⑧ 9×8　72　⑨ 7×6　42
⑩ 9×9　81　⑪ 6×5　30　⑫ 6×1　6
⑬ 9×6　54　⑭ 8×9　72　⑮ 8×3　24
⑯ 8×7　56　⑰ 7×3　21　⑱ 7×7　49
⑲ 7×4　28　⑳ 9×7　63　㉑ 6×6　36
㉒ 9×2　18　㉓ 6×3　18　㉔ 7×9　63
㉕ 6×4　24　㉖ 7×1　7　㉗ 9×5　45
㉘ 8×4　32　㉙ 8×2　16　㉚ 7×5　35
㉛ 7×8　56　㉜ 6×6　36　㉝ 8×8　64
㉞ 6×8　48　㉟ 8×5　40　㊱ 7×2　14

P.31

12 かけ算② 6のだん〜9のだんの 九九 (6)

① 6×4　24　② 7×4　28　③ 8×5　40
④ 8×8　64　⑤ 9×2　18　⑥ 7×2　14
⑦ 8×1　8　⑧ 6×1　6　⑨ 9×4　36
⑩ 7×3　21　⑪ 9×6　54　⑫ 8×9　72
⑬ 6×6　36　⑭ 9×9　81　⑮ 6×5　30
⑯ 8×6　48　⑰ 7×5　35　⑱ 8×2　16
⑲ 6×2　12　⑳ 7×1　7　㉑ 8×4　32
㉒ 9×7　72　㉓ 6×7　42　㉔ 7×9　63
㉕ 7×6　42　㉖ 9×7　63　㉗ 6×9　54
㉘ 9×1　9　㉙ 7×8　56　㉚ 9×5　45
㉛ 6×8　48　㉜ 9×3　27　㉝ 8×7　56
㉞ 8×3　24　㉟ 7×7　49　㊱ 6×3　18

12 かけ算② 1のだん〜9のだんの 九九 (1)

① 7×6　42　② 5×4　20　③ 3×8　24
④ 2×3　6　⑤ 9×2　18　⑥ 5×9　45
⑦ 4×8　32　⑧ 5×7　35　⑨ 3×6　18
⑩ 4×5　20　⑪ 2×6　12　⑫ 8×8　64
⑬ 9×8　72　⑭ 2×7　14　⑮ 6×5　30
⑯ 4×9　36　⑰ 8×5　40　⑱ 1×5　5
⑲ 8×3　24　⑳ 9×6　54　㉑ 3×7　21
㉒ 1×7　7　㉓ 9×4　36　㉔ 5×3　15
㉕ 8×4　32　㉖ 4×3　12　㉗ 2×3　6
㉘ 8×9　72　㉙ 9×4　36　㉚ 5×5　25
㉛ 7×8　56　㉜ 4×7　28　㉝ 1×8　8
㉞ 6×7　42　㉟ 7×2　14　㊱ 9×6　54
㊲ 4×6　24　㊳ 7×7　49　㊴ 8×7　56
㊵ 1×4　4　㊶ 2×8　16　㊷ 2×5　10
㊸ 2×9　18　㊹ 6×3　18　㊺ 7×9　63
㊻ 3×9　27　㊼ 6×4　24　㊽ 5×8　40
㊾ 8×6　48　㊿ 4×4　16

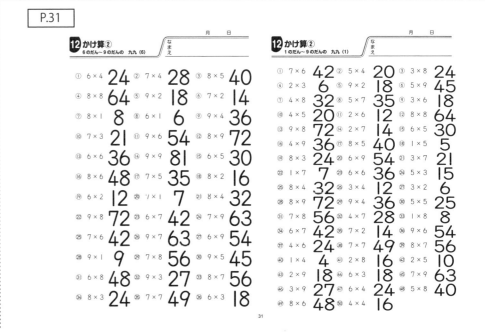

児童に実施させる前に，必ず指導される方が問題を解いてください。本書の解答は，あくまでも１つの例です。指導される方の作られた解答をもとに，本書の解答例を参考に児童の多様な考えに寄り添って○つけをお願いします。 **解答**

P.32

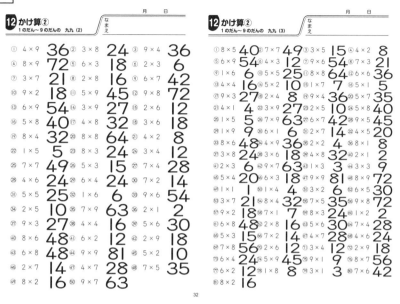

P.33

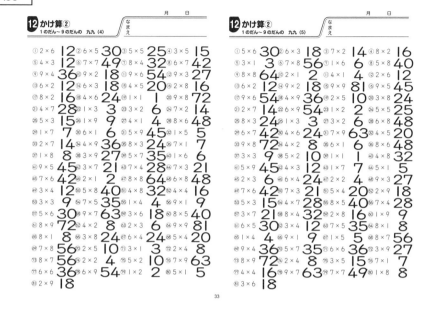

P.34

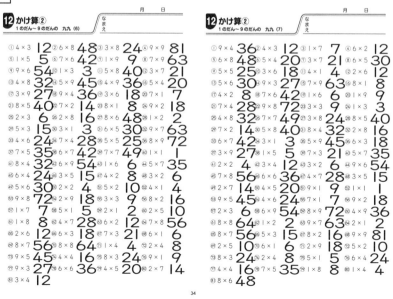

P.35

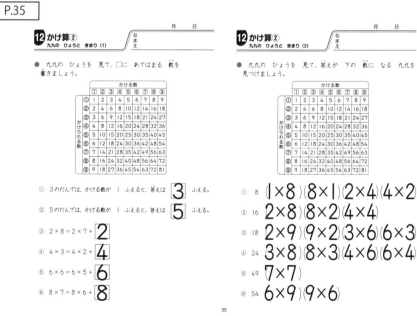

P.36

12 かけ算② 九九の ひょうと きまり (3)　なまえ

● 下の ひょうの ⓐ，ⓑ，ⓒに 入る 数を，かけ算の きまりを つかって もとめましょう。

ⓐに 入る 数
しき $2×9+2=20$　答え 20

ⓑに 入る 数
しき $4×9+4+4+4=48$　48

ⓒに 入る 数
しき $7×9+7+7=77$　77

12 かけ算② 九九の ひょうと きまり (4)　なまえ

● 下の ひょうの ⓓ，ⓔ，ⓕに 入る 数を，かけ算の きまりを つかって もとめましょう。

ⓓに 入る 数　[10×5=5×10だから…]
しき $5×9+5=50$　答え 50

ⓔに 入る 数　[11×3=3×11だから…]
しき $3×9+3+3=33$　33

ⓕに 入る 数
しき $8×9+8+8+8=96$　96

36

P.37

12 かけ算② ばいと かけ算 (1)　なまえ

① テープの 長さを もとめましょう。

① ⑦の テープの 4ばいの 長さに 色を ぬりましょう。
② ⑦の テープの 長さは，5cmです。①で 色を ぬった ところの 長さは 何cmですか。

しき $5×4=20$　答え 20cm

② ①と ⑦の 2本の テープが あります。

① ①の テープの 長さは，⑦の テープの 長さの 何ばいですか。

（3ばい）

② ①の テープの 長さは，8cmです。⑦の テープの 長さは，何cmですか。

しき $8×3=24$　答え 24cm

12 かけ算② ばいと かけ算 (2)　なまえ

● ⑦，①，⑦の 3本の テープが あります。

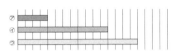

① ①，⑦の テープの 長さは，それぞれ ⑦の テープの 長さの 何ばいですか。

①の テープの 長さは，⑦の テープの 長さの 3 ばい
⑦の テープの 長さは，⑦の テープの 長さの 4 ばい

② ⑦の テープの 長さが 7cmの とき ①，⑦の テープの 長さは，それぞれ 何cmですか。

①の 長さ
しき $7×3=21$　答え 21cm

⑦の 長さ
しき $7×4=28$　答え 28cm

37

P.38

12 かけ算② もんだい (1)　なまえ

● はこの 中に，クッキーが 右の 図のように 入って います。
クッキーの 数の もとめ方を 考えます。
下の 図の 考え方と あう しきを 右から えらんで，線で むすびましょう。

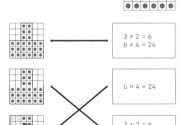

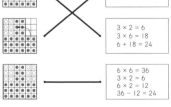

$3×2=6$
$6×4=24$

$6×4=24$

$3×2=6$
$3×6=18$
$6+18=24$

$6×6=36$
$3×2=6$
$6×2=12$
$36-12=24$

12 かけ算② もんだい (2)　なまえ

● はこの 中の クッキーは，ぜんぶで 何こ ありますか。
しきを 書いて，もとめましょう。
また，考え方が わかるように，図に かきましょう。
2つの 考え方で もとめましょう。

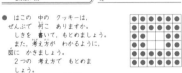

考え方①
しき $2×2=4$
$4×8=32$
答え 32 こ

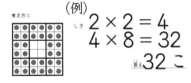

考え方②
しき $6×6=36$
$2×2=4$
$36-4=32$
答え 32 こ

38

P.39

12 ふりかえり・たしかめ (1) かけ算②　なまえ

① $7×3$　21
② $7×7$　49
③ $6×4$　24
④ $8×4$　32
⑤ $1×6$　6
⑥ $6×2$　12
⑦ $7×5$　35
⑧ $9×7$　63
⑨ $8×2$　16
⑩ $9×3$　27
⑪ $8×7$　56
⑫ $6×9$　54
⑬ $6×5$　30
⑭ $6×3$　18
⑮ $8×6$　48
⑯ $8×8$　64
⑰ $8×3$　24
⑱ $9×4$　36
⑲ $7×6$　42
⑳ $8×5$　40
㉑ $9×8$　72
㉒ $9×2$　18
㉓ $1×4$　4
㉔ $6×7$　42
㉕ $7×4$　28
㉖ $1×8$　8
㉗ $9×5$　45
㉘ $8×9$　72
㉙ $1×9$　9
㉚ $7×2$　14
㉛ $7×8$　56
㉜ $7×9$　63
㉝ $6×6$　36
㉞ $6×8$　48
㉟ $9×6$　54
㊱ $9×9$　81

12 ふりかえり・たしかめ (2) かけ算②　なまえ

① 7人で 1つの グループを つくると，6グループ できました。みんなで 何人 いますか。

しき $7×6=42$
答え 42人

② おさらが 8まい あります。
おさら 1まいに，5こずつ おだんごを のせます。
おだんごは，ぜんぶで 何こ いりますか。

しき $5×8=40$
答え 40こ

③ 花たばが 4たば あります。花が 7本ずつ たばに なって います。花は ぜんぶで 何本 ありますか。

しき $7×4=28$
答え 28本

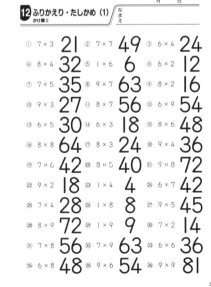

39

98

P.40

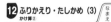

⑫ ふりかえり・たしかめ (3) かけ算②　なまえ　　月　日

● クラスの みんなが ２れつに ならびました。
１れつに ９人ずつ ならんで います。

① クラスの 人数は，みんなで 何人ですか。

しき　$9 \times 2 = 18$

答え　18人

② クラスの みんなが ほかの ならび方を します。
どんな ならび方が できますか。
九九の ひょうを 見て，□に あてはまる 数を 書きましょう。

１れつに 2人ずつ，9れつ

１れつに 3人ずつ，6れつ

１れつに 6人ずつ，3れつ

⑫ ふりかえり・たしかめ (4) かけ算②　なまえ　　月　日

① ９cmの リボンを ６本 つなぎます。
（つなぎめの 長さは 考えません。）

① つないだ リボンの 長さは，9cmの 何ばいですか。
（ 6 ）ばい

② つないだ リボンの 長さは，何cmですか。
しき　$9 \times 6 = 54$　答え　54cm

③ もう １本 つなぐと，何cm 長く なり，何cmに なりますか。
（ 9 ）cm 長く なり，（63）cmに なる。

② 右の ●の 数を，しきに 書いて もとめましょう。
また，どんな くふうを したのか わかるように 図に 書きましょう。

図　（例）しき　$2 \times 2 = 4$
$4 \times 3 = 12$
答え　12こ

P.41

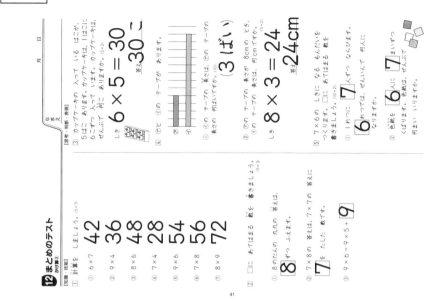

⑫ まとめのテスト かけ算②

P.42

⑬ ４けたの 数 ４けたの 数 (1)　なまえ　　月　日

● ブロックは 何こ ありますか。

① □に あてはまる 数を 書きましょう。

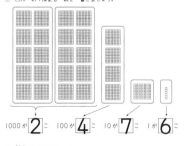

1000が2こ　100が4こ　10が7こ　1が6こ

② 数字で 書きましょう。

千のくらい	百のくらい	十のくらい	一のくらい
2	4	7	6

③ 読みを 書きましょう。
（ 二千四百七十六 ）

⑬ ４けたの 数 ４けたの 数 (2)　なまえ　　月　日

● ブロックは 何こ ありますか。

① □に あてはまる 数を 書きましょう。

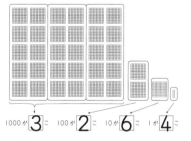

1000が3こ　100が2こ　10が6こ　1が4こ

② 数字で 書きましょう。

千のくらい	百のくらい	十のくらい	一のくらい
3	2	6	4

③ 読みを 書きましょう。　かん字で 書こう。
（ 三千二百六十四 ）

P.43

⑬ ４けたの 数 ４けたの 数 (3)　なまえ　　月　日

① いくつですか。数字で 書きましょう。

① | 千のくらい | 百のくらい | 十のくらい | 一のくらい |
|---|---|---|---|
| 3 | 5 | 2 | 4 |

② | 千のくらい | 百のくらい | 十のくらい | 一のくらい |
|---|---|---|---|
| 1 | 6 | 4 | 2 |

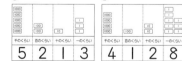

③ | 千のくらい | 百のくらい | 十のくらい | 一のくらい |
|---|---|---|---|
| 5 | 2 | 1 | 3 |

④ | 千のくらい | 百のくらい | 十のくらい | 一のくらい |
|---|---|---|---|
| 4 | 1 | 2 | 8 |

② □に あてはまる 数を 書きましょう。

6278の 千のくらいの 数字は 6，百のくらいの
数字は 2，十のくらいの 数字は 7，一のくらいの
数字は 8 です。

⑬ ４けたの 数 ４けたの 数 (4)　なまえ　　月　日

● いくつですか。数字で 書きましょう。

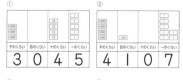

① | 千のくらい | 百のくらい | 十のくらい | 一のくらい |
|---|---|---|---|
| 3 | 0 | 4 | 5 |

② | 千のくらい | 百のくらい | 十のくらい | 一のくらい |
|---|---|---|---|
| 4 | 1 | 0 | 7 |

③ | 千のくらい | 百のくらい | 十のくらい | 一のくらい |
|---|---|---|---|
| 6 | 2 | 0 | 0 |

④ | 千のくらい | 百のくらい | 十のくらい | 一のくらい |
|---|---|---|---|
| 9 | 0 | 5 | 0 |

⑤ | 千のくらい | 百のくらい | 十のくらい | 一のくらい |
|---|---|---|---|
| 8 | 0 | 0 | 3 |

⑥ | 千のくらい | 百のくらい | 十のくらい | 一のくらい |
|---|---|---|---|
| 4 | 0 | 0 | 0 |

P.44

13 ４けたの 数
４けたの 数 (5)

① つぎの 数を 数字で 書きましょう。

① 二千五百七十六　**2576**　② 千百十一　**1111**

③ 六千二十八　**6028**　④ 四千五百二十　**4520**

⑤ 七千百　**7100**　⑥ 八千四十　**8040**

⑦ 五千　**5000**　⑧ 千六　**1006**

② つぎの 数の 読みを かん字で 書きましょう。

① 1275　**千二百七十五**　② 6290　**六千二百九十**

③ 4018　**（四千十八）**　④ 7001　**（七千一）**

13 ４けたの 数
４けたの 数 (6)

● つぎの 数を カードで あらわして かきましょう。

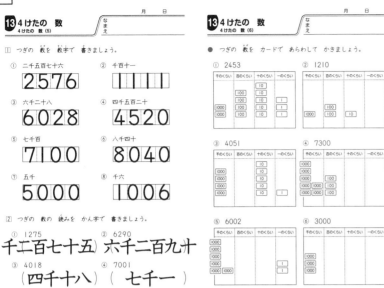

① 2453　② 1210

③ 4051　④ 7300

⑤ 6002　⑥ 3000

P.45

13 ４けたの 数
４けたの 数 (7)

① □に あてはまる 数を 書きましょう。

① 1000を 6こ，100を 3こ，10を 5こ，1を 8こ あわせた 数は **6358** です。

② 7048は，1000を **7** こ，10を **4** こ，1を **8** こ あわせた 数です。

③ 千のくらいの 数字が 9，百のくらいの 数字が 2，十のくらいの 数字が 5，一のくらいの 数字が 3の数は，**9253** です。

② つぎの 文を しきに あらわします。□に あてはまる 数を 書きましょう。

① 6840は，6000と 800と 40を あわせた 数です。
6840＝**6000**＋**800**＋**40** です。

② 7000と 3を あわせた 数は，7003です。
7000＋**3**＝7003

13 ４けたの 数
４けたの 数 (8)

① つぎの 数を 書きましょう。

① 100が 23こ あつめた 数　**（2300）**

② 100を 48こ あつめた 数　**（4800）**

③ 100を 60こ あつめた 数　**（6000）**

④ 100を 90こ あつめた 数　**（9000）**

② □に あてはまる 数を 書きましょう。

① 3200は，100を **32** こ あつめた 数です。

② 5400は，100を **54** こ あつめた 数です。

③ 8100は，100を **81** こ あつめた 数です。

④ 7000は，100を **70** こ あつめた 数です。

P.46

13 ４けたの 数
４けたの 数 (9)

① □に あてはまる 数を 書きましょう。

① 500＋600は，100を もとに すると，**5**＋**6**＝11
100が 11こなので，答えは **1100** です。

② 800－300は，100を もとに すると，**8**－**3**＝5
100が 5こなので，答えは **500** です。

② 100を もとに して，計算しましょう。

① 600＋700　**1300**　② 800＋700　**1500**

③ 300＋900　**1200**　④ 200＋800　**1000**

⑤ 900－500　**400**　⑥ 900－600　**300**

⑦ 1000－300　**700**　⑧ 1000－600　**400**

13 ４けたの 数
４けたの 数 (10)

① 下の 数の線を 見て 答えましょう。

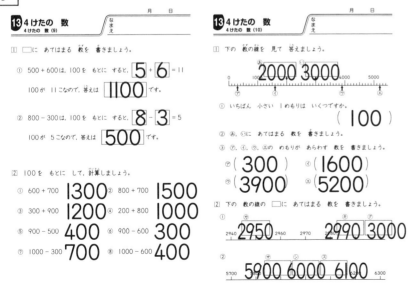

2000 3000

① いちばん 小さい 1めもりは いくつですか。
（100）

② ⑦，⑦，⑦，⑤の めもりが あらわす 数を 書きましょう。

⑦ **（300）**　④ **（1600）**
⑦ **（3900）**　⑤ **（5200）**

③ 下の 数の線の □に あてはまる 数を 書きましょう。

2950　**2990 3000**

5900 6000 6100

P.47

13 ４けたの 数
４けたの 数 (11)

① 下の 数の線を 見て 答えましょう。

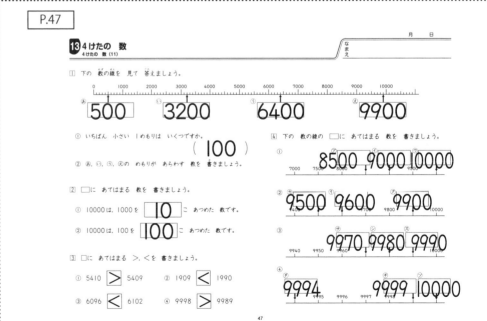

500　**3200**　**6400**　**9900**

① いちばん 小さい 1めもりは いくつですか。
（100）

② ⑧，⑥，⑤，②の めもりが あらわす 数を 書きましょう。

② □に あてはまる 数を 書きましょう。

① 10000は，1000を **10** こ あつめた 数です。

② 10000は，100を **100** こ あつめた 数です。

③ □に あてはまる ＞，＜を 書きましょう。

① 5410 **＞** 5409　② 1909 **＜** 1990

③ 6096 **＜** 6102　④ 9998 **＞** 9989

④ 下の 数の線の □に あてはまる 数を 書きましょう。

① **8500 9000 10000**

② **9500 9600 9900**

③ **9970 9980 9990**

④ **9994**　**9999 10000**

P.48

13 4けたの 数
4けたの 数 (12)　なまえ

① □に あてはまる ＞，＜ を 書きましょう。

① 4235 ＜ 4253　② 6100 ＞ 6099

③ 7809 ＜ 7908　④ 9641 ＞ 9640

② □に あてはまる 数字を ぜんぶ 書きましょう。

① 6683 ＜ 6□72
789

② 5478 ＞ □478
4321

③ 8724 ＞ 872□
3210

13 4けたの 数
4けたの 数 (13)　なまえ

① 下の 数の線の □に あてはまる 数を 書きましょう。

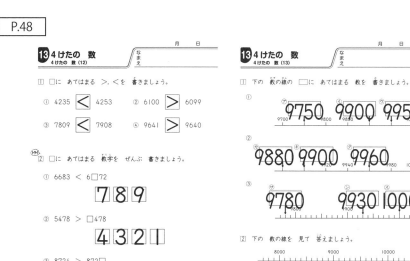

① 9750　9900　9950

⑦ 9880　⑨ 9900　⑦ 9960

⑦ 9780　9930　10000

② 下の 数の線を 見て 答えましょう。

① 10000より 2000 小さい 数
(8000)

② 10000より 200 小さい 数
(9800)

P.49

13 4けたの 数
4けたの 数 (14)　なまえ

① 6600は どんな 数ですか。

① 下の 数の線で，6600を あらわす めもりに ↑を かきましょう。

② 6600に ついて，□に あてはまる 数を 書きましょう。

・6600は 6000 と 600を あわせた 数です。

・6600は，7000 より 400 小さい 数です。

・6600は，100を 66 こ あつめた 数です。

② 5200に ついて，□に あてはまる 数を 書きましょう。

① 5200は，5000と 200 を あわせた 数です。

② 5200は，6000より 800 小さい 数です。

③ 5200は，100を 52 こ あつめた 数です。

13 ふりかえり・たしかめ (1)
4けたの 数　なまえ

① いくつですか。数字で 書きましょう。

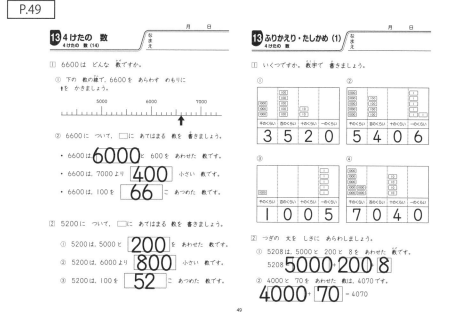

① 3520　② 5406

③ 1005　④ 7040

② つぎの 文を しきに あらわしましょう。

① 5208は，5000と 200と 8を あわせた 数です。
5208 5000 200 8

② 4000と 70を あわせた 数は，4070です。
4000 + 70 = 4070

P.50

13 ふりかえり・たしかめ (2)
4けたの 数　なまえ

① □に あてはまる 数を 書きましょう。

① 100を 38こ あつめた 数は 3800 です。

② 100を 70こ あつめた 数は 7000 です。

③ 4600は，100を 46 こ あつめた 数です。

④ 9500は，100を 95 こ あつめた 数です。

② 下の 数の線を 見て，□に あてはまる 数を 書きましょう。

① 10000は，1000を 10 こ あつめた 数です。

② 10000は，100を 100 こ あつめた 数です。

③ 10000より 1000 小さい 数は，9000 です。

④ 10000より 100 小さい 数は，9900 です。

13 ふりかえり・たしかめ (3)
4けたの 数　なまえ

① 計算を しましょう。

① 700 + 800 1500　② 800 + 900 1700

③ 900 - 600 300　④ 1000 - 300 700

② 下の 数の線の □に あてはまる 数を 書きましょう。

①
5950　6030　6120

②
2400　3500　4100

③
9978　9986　9999

P.51

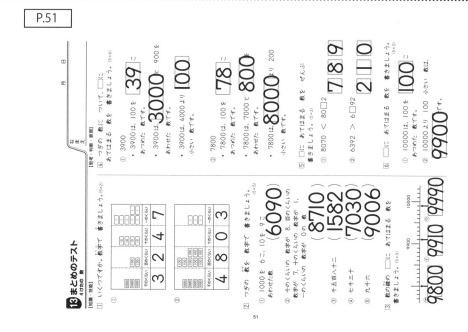

13 まとめのテスト
4けたの 数

【知識・技能】

① いくつですか。数字で 書きましょう。(5×2)

①
千のくらい	百のくらい	十のくらい	一のくらい
3	2	4	7

②
千のくらい	百のくらい	十のくらい	一のくらい
4	8	0	3

② つぎの 数を 数字で 書きましょう。(5×5)

① 1000を 6こ，10を 9こ あわせた 数
(6090)

② 千のくらいの 数字が 8，百のくらいの 数字が 7，十のくらいの 数字が 1，一のくらいの 数字が 0の 数
(8710)

③ 千五百八十二
(1582)

④ 七千三十
(7030)

⑤ 九千六
(9006)

【思考・判断・表現】

③ つぎの 数に ついて，□に あてはまる 数を 書きましょう。(5×6)

① 3900
・3900は，100を 39 こ あつめた 数です。
・3900は，3000 と 900 を あわせた 数です。
・3900は，4000より 100 小さい 数です。

② 7800
・7800は，100を 78 こ あつめた 数です。
・7800は，7000と 800 を あわせた 数です。
・7800は，8000 より 200 小さい 数です。

④ □に あてはまる 数を ぜんぶ 書きましょう。(5×2)

① 8070 ＜ 80□2
789

② 6392 ＞ 6□92
210

⑤ □に あてはまる 数を 書きましょう。(5×2)

・10000は，100を 100 こ あつめた 数です。

・10000より 100 小さい 数は，9900 です。

⑥ 数の線の □に あてはまる 数を 書きましょう。(5×3)
9800　9910　9990

P.52

⑭ 長い ものの 長さの たんい
長い もの 長さの たんい (1)

なまえ　　　　　月　日

① 下の 図は，1mの ものさしです。左はしから，⑦，⑦，⑦，⑤までの 長さは，それぞれ 何 cm ですか。
また，左はしから，⑦15cm ⑦57cm ⑦89cmの 長さに ↑を かきましょう。

⑦（10cm）⑦（25cm）⑦（42cm）⑤（78cm）

② つぎの 長さを もとめましょう。

① 1mの 4つ分の 長さ　　　（ 4 m）

② 1mの 3つ分と 30cmを あわせた 長さ　　（ 3 m 30 cm）

③ 1mの 5つ分と 80cmを あわせた 長さ　　（ 5 m 80 cm）

③ 下の テープの 長さは 何m何cmですか。
また，何cmですか。しきを 書いて もとめましょう。

1m＋1m20cm＝2m20cm
答え（ 2 m 20 cm），（220 cm）

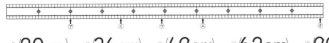

2m＋1m60cm＝3m60cm
答え（ 3 m 60 cm），（360 cm）

52

P.53

⑭ 長い ものの 長さの たんい
長い もの 長さの たんい (2)

なまえ　　　　　月　日

① （ ）に あてはまる 数を 書きましょう。

① 3m＝（300）cm　　② 700cm＝（ 7 ）m

③ 5m20cm＝（520）cm

④ 415cm＝（ 4 ）m（15）cm

⑤ 620cm＝（ 6 ）m（20）cm

⑥ 5m6cm＝（506）cm

② 長い じゅんに ならべましょう。

①
⑦ 5m5cm　⑦ 550cm　⑦ 5m

⑦ → ⑦ → ⑦

②
⑦ 406cm　⑦ 4m60cm　⑦ 4m10cm

⑦ → ⑦ → ⑦

⑭ 長い ものの 長さの たんい
長い もの 長さの たんい (3)

なまえ　　　　　月　日

① （ ）に あてはまる，長さの たんい（m，cm，mm）を 書きましょう。

① えんぴつの 長さ‥‥‥‥16（cm）

② プールの たての 長さ‥‥25（m）

③ ノートの あつさ‥‥‥‥5（mm）

④ 3かいだての ビルの 高さ‥‥10（m）

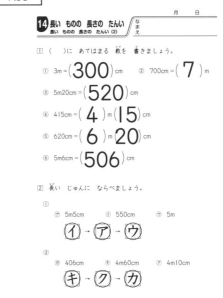

② 3mの テープに めもりを つけて はかりました。
左はしから，⑦，⑦，⑦までの 長さは 何m何cmですか。
また，何cmですか。

⑦（ 1 m 10 cm），（110 cm）

⑦（ 1 m 50 cm），（150 cm）

⑦（ 2 m 80 cm），（280 cm）

53

P.54

⑭ ふりかえり・たしかめ
長い ものの 長さの たんい

なまえ　　　　　月　日

① 下の 図は，1mの ものさしです。左はしから，⑦，⑦，⑦，⑤，⑦までの 長さは，それぞれ 何cmですか。

⑦（20cm）⑦（36cm）⑦（49cm）⑤（62cm）⑦（99cm）

② （ ）に あてはまる 数を 書きましょう。

① 1m＝（100）cm　② 5m＝（500）cm　③ 4m30cm＝（430）cm　④ 4m3cm＝（403）cm

⑤ 380cm＝（ 3 ）m（80）cm　⑥ 308cm＝（ 3 ）m（ 8 ）cm

③ つぎの テープの 長さは，何m何cmですか。また，何cmですか。しきを 書いて もとめましょう。

① あわせた 長さ
しき
2m＋1m40cm＝3m40cm
（ 3 m 40 cm），
答え（340 cm）

② 2mを つかった のこり
しき
5m45cm－2m＝3m45cm
（ 3 m 45 cm），
答え（345 cm）

③ 2本の テープの 長さの ちがい
しき
4m20cm－3m＝1m20cm
（ 1 m 20 cm），
答え（120 cm）

54

P.55

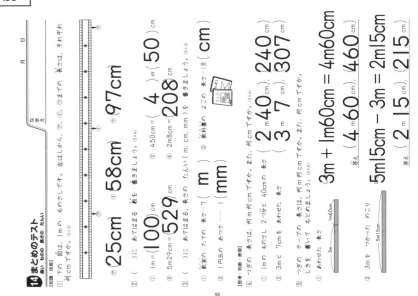

⑭ まとめのテスト
長い もの 長さの たんい

【知識・技能】

① 下の 図は，1mの ものさしです。左はしから，⑦，⑦，⑦までの 長さは，それぞれ 何cmですか。(5×3)

⑦（25cm）⑦（58cm）⑦（97cm）

② （ ）に あてはまる 数を 書きましょう。(5×3)

① 1m＝（100）cm　② 450cm＝（ 4 ）m（50）cm　③ 5m29cm＝（529）cm　④ 2m8cm＝（208）cm

③ （ ）に あてはまる，長さの たんい（m，cm，mm）を 書きましょう。(5×2)

① 教室の たての 長さ‥7（m）

② 1円玉の あつさ‥‥‥1（mm）

【思考・判断・表現】

④ つぎの 長さは，何m何cmですか。また，何cmですか。(5×4)

① 4mの ものさし 2つ分と 40cmを あわせた 長さ（ 2 m 40 cm），（240 cm）

② 3mと 7cmを あわせた 長さ（ 3 m 7 cm），（307 cm）

⑤ つぎの テープの 長さは，何m何cmですか。また，何cmですか。しきを 書いて もとめましょう。(5×2)

① あわせた 長さ

3m＋1m60cm＝4m60cm
答え（4 m 60 cm），（460 cm）

② 3mを つかった のこり

5m15cm－3m＝2m15cm
答え（2 m 15 cm），（215 cm）

55

P.56

15 たし算と ひき算
たし算と ひき算 (1)　なまえ　月　日

● 図の（　）に あてはまる 数を，また，わからない 数には □を 書いてから，しきと 答えを 書きましょう。

① とりが 14わ いました。何わか とんで きたので，32わに なりました。とんで きたのは 何わですか。

しき 32−14=18　18わ

② おり紙が 28まい ありました。何まいか もらったので，45まいに なりました。もらったのは 何まいですか。

しき 45−28=17　17まい

---

15 たし算と ひき算
たし算と ひき算 (2)　なまえ　月　日

● 図の（　）に あてはまる 数を，また，わからない 数には □を 書いてから，しきと 答えを 書きましょう。

① グミが 何こか ありました。16こ 食べたので のこりが 9こに なりました。はじめに あった グミは 何こですか。

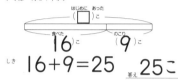

しき 16+9=25　答え 25こ

② 公園で 何人か あそんで いました。18人 帰ったので，17人に なりました。はじめに あそんで いたのは 何人ですか。

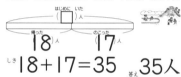

しき 18+17=35　答え 35人

56

P.57

15 たし算と ひき算
たし算と ひき算 (3)　なまえ　月　日

● 図の（　）に あてはまる 数を，また，わからない 数には □を 書いてから，しきと 答えを 書きましょう。

① カードを 何まいか もって いました。7まい 買ったので，22まいに なりました。はじめに もって いたのは 何まいですか。

しき 22−7=15　15まい

② トマトが きのうは 19こ とれました。今日も 何こか とれたので，ぜんぶで 30こに なりました。今日 とれたのは 何こですか。

しき 30−19=11　答え 11に

57

---

15 たし算と ひき算
たし算と ひき算 (4)　なまえ　月　日

● 下の 文の（　）に 数を 入れて もんだいを つくり，図に あらわしてから しきと 答えを 書きましょう。

（例）

水が 21L ありました。何Lか 花の 水やりに つかったので，のこりは（11）Lに なりました。花の 水やりに つかった 水は 何Lですか。

しき 21−11=10　答え 10L

P.58

15 たし算と ひき算
たし算と ひき算 (5)　なまえ　月　日

● 図の（　）に あてはまる 数を，また，わからない 数には □を 書いてから，しきと 答えを 書きましょう。

① バスに 19人 のって いました。後から 何人か のって きたので，みんなで 25人に なりました。後から のって きたのは 何人ですか。

しき 25−19=6　答え 6人

② プールで 何人か およいで います。そこへ 14人 やって きたので，みんなで 32人に なりました。はじめに およいで いたのは 何人ですか。

しき 32−14=18　答え 18人

---

15 たし算と ひき算
たし算と ひき算 (6)　なまえ　月　日

● 図の（　）に あてはまる 数を，また，わからない 数には □を 書いてから，しきと 答えを 書きましょう。

① ジュースを 27本 くばったので，のこりは 18本に なりました。ジュースは，はじめに 何本 ありましたか。

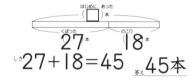

しき 27+18=45　45本

② リボンが 90cm ありましたが，何cmか つかって，のこりは 43cmに なりました。つかった リボンの 長さは 何cmですか。

しき 90−43=47　47cm

58

P.59

15 ふりかえり・たしかめ
たし算と ひき算　なまえ　月　日

● 図を 見て，しきと 答えを 書きましょう。

① ちゅう車場から 8台 車が 出て いったので，のこりは 16台に なりました。はじめに 何台 とまって いましたか。

しき 8+16=24
答え 24台

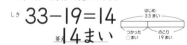

② 切手が 33まい ありました。何まいか つかったので，のこりが 19まいに なりました。つかった 切手は 何まいですか。

しき 33−19=14

14まい

③ えんぴつを 何本か もって いました。12本 買ったので，ぜんぶで 21本に なりました。はじめに もって いた えんぴつは 何本ですか。

しき 21−12=9

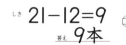

答え 9本

---

15 チャレンジ
たし算と ひき算　なまえ　月　日

● いちごが 32こ ありました。わたしが 8こ 食べて，弟が 何こか 食べたので，のこりは 15こに なりました。弟は 何こ 食べましたか。

① 下の 図の（　）には 数を 書きましょう。わからない 数は □を 書きましょう。また，□□には 下の から ことばを えらんで 書きましょう。

わたし・弟・はじめ・のこり

② しきと 答えを 書きましょう。

しき 32−8−15=9　答え 9こ

59

103

解答

児童に実施させる前に，必ず指導される方が問題を解いてください。本書の解答は，あくまでも１つの例です。指導される方の作られた解答をもとに，本書の解答例を参考に児童の多様な考えに寄り添って○つけをお願いします。

P.60

15 まとめのテスト
たし算と ひき算

[思考・判断・表現]

● 図の（ ）に あてはまる 数を，
わからない 数には □を 書いてから，
しきと 答えを 書きましょう。

（3）わたしは どんぐりを 18こ ひろい
ました。弟が 何こか ひろったので あわせると，
30こに なりました。弟が
ひろったのは 何こですか。（しき10 答え5 ×2）

しき 30−18=12こ
答え 12こ

（4）公園で 何人かが あそんで いました。
そのうち，16人が 帰ったので 8人に
なりました。はじめに あそんで
いたのは 何人ですか。（しき10 答え5 ×2）

しき 16+8=24人
答え 24人

（5）みかんが 42こ ありました。何こか
食べたので のこりは 27こに なりました。
食べたのは 何こですか。（しき10 答え5 ×2）

しき 42−27=15こ
答え 15こ

（1）色紙を 16まい つかったので，
のこりは 15まいに なりました。
はじめに あった 色紙は 何まい
ですか。（しき10 答え5 ×2）

しき 16+15=31まい
答え 31まい

（2）どりょ 18ぴき いました。そこへ
何ぴきか とんで きたので，ぜんぶで
33ぴきに なりました。とんで きたのは
何びきですか。（しき10 答え5 ×2）

しき 33−18=15わ
答え 15わ

60

P.61

16 分数
分数（1）　なまえ　月 日

① □に あてはまる 数を 書きましょう。

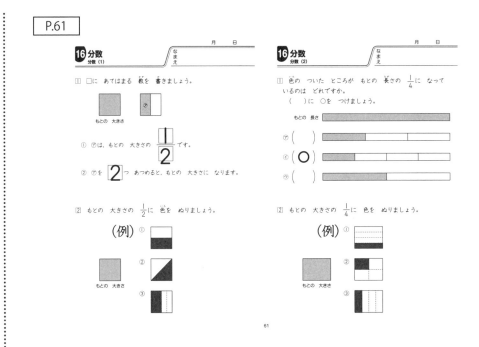

① ⑦は，もとの 大きさの $\frac{1}{2}$ です。

② ⑦を **2** つ あつめると，もとの 大きさに なります。

② もとの 大きさの $\frac{1}{2}$ に 色を ぬりましょう。

（例）

16 分数
分数（2）　なまえ　月 日

① 色の ついた ところが もとの 長さの $\frac{1}{4}$ に なって いるのは どれですか。
（ ）に ○を つけましょう。

⑦（　）
④（○）
⑦（　）

② もとの 大きさの $\frac{1}{4}$ に 色を ぬりましょう。

（例）

61

P.62

16 分数
分数（3）　なまえ　月 日

① □に あてはまる 数を 書きましょう。

① ⑦は，もとの 大きさの $\frac{1}{4}$ です。

② ⑦を **4** つ あつめると，もとの 大きさに なります。

② もとの 大きさの $\frac{1}{2}$ や $\frac{1}{4}$ を えらんで，
（ ）に $\frac{1}{2}$ や $\frac{1}{4}$ と 書きましょう。

⑦ $\left(\frac{1}{2}\right)$　④ $\left(\frac{1}{4}\right)$
⑦ $\left(\frac{1}{2}\right)$　④ $\left(\frac{1}{2}\right)$

16 分数
分数（4）　なまえ　月 日

① 色の ついた ところは，もとの 長さの 何分の一と いえば いいですか。（ ）に 分数を 書きましょう。

① $\frac{1}{8}$
② $\frac{1}{3}$

② ⑦は，もとの 長さの $\frac{1}{3}$ です。

① ⑦を いくつ あつめると，もとの 長さに なりますか。（ 3 ）つ

② もとの 長さは ④，⑦，④の どれですか。（ ⑦ ）

62

P.63

16 分数
ばいと 分数（1）　なまえ　月 日

① 赤の テープの 長さと 青の テープの 長さを くらべましょう。

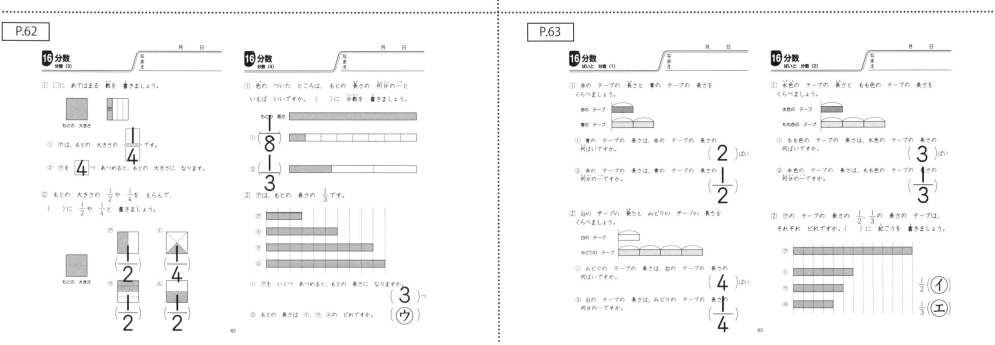

① 青の テープの 長さは，赤の テープの 長さの 何ばいですか。（ 2 ）ばい

② 赤の テープの 長さは，青の テープの 長さの 何分の一ですか。$\left(\frac{1}{2}\right)$

② 白の テープの 長さと みどりの テープの 長さを くらべましょう。

① みどりの テープの 長さは，白の テープの 長さの 何ばいですか。（ 4 ）ばい

② 白の テープの 長さは，みどりの テープの 長さの 何分の一ですか。$\left(\frac{1}{4}\right)$

16 分数
ばいと 分数（2）　なまえ　月 日

① 水色の テープの 長さと もも色の テープの 長さを くらべましょう。

① もも色の テープの 長さは，水色の テープの 長さの 何ばいですか。（ 3 ）ばい

② 水色の テープの 長さは，もも色の テープの 長さの 何分の一ですか。$\left(\frac{1}{3}\right)$

② ⑦の テープの 長さの $\frac{1}{2}$，$\frac{1}{3}$ の 長さの テープは，それぞれ どれですか。（ ）に 記ごうを 書きましょう。

$\frac{1}{2}$（④）
$\frac{1}{3}$（④）

63

児童に実施させる前に，必ず指導される方が問題を解いてください。本書の解答は，あくまでも1つの例です。指導される方の作られた解答をもとに，本書の解答例を参考に児童の多様な考えに寄り添って○つけをお願いします。

解答

P.64

16 ふりかえり・たしかめ 分数

① 色の ついた ところは，もとの 長さの 何分の一ですか。

もとの 長さ

① $\left(\dfrac{1}{4}\right)$
② $\left(\dfrac{1}{3}\right)$
③ $\left(\dfrac{1}{2}\right)$
④ $\left(\dfrac{1}{8}\right)$

② 色の ついた ところは，もとの 大きさの 何分の一ですか。

もとの 大きさ

① $\left(\dfrac{1}{2}\right)$
② $\left(\dfrac{1}{3}\right)$
③ $\left(\dfrac{1}{4}\right)$
④ $\left(\dfrac{1}{8}\right)$

16 チャレンジ 分数

● 18この クッキーが，右の 図のように はこに 入って います。

クッキーの 数を 下の 図のように くぎって 見ます。□に あてはまる 数を 書きましょう。

① 18には，9こが $\boxed{2}$ ばいです。
　18この $\dfrac{1}{\boxed{2}}$ は，9こです。

② 18には，6こが $\boxed{3}$ ばいです。
　18この $\dfrac{1}{\boxed{3}}$ は，6こです。

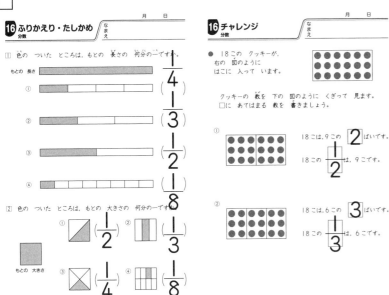

P.65

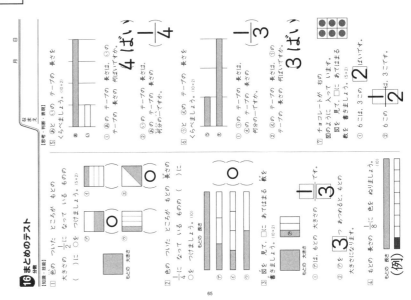

16 まとめのテスト 分数

P.66

17 はこの 形 はこの 形 (1)

● はこの 形 ⑦と ④の 面に ついて，答えましょう。

① 面の 形は，それぞれ 何と いう 四角形ですか。
　⑦（長方形）　④（正方形）

② 面は それぞれ いくつ ありますか。（　）に 数を 書きましょう。
　⑦（6）　④（6）

③ 同じ 形の 面は，いくつずつ 何組 ありますか。
　⑦（2）つずつ（3）組
　④ 同じ 面が（6）つ

17 はこの 形 はこの 形 (2)

① ⑧の 面を，左の 図の どこに つなぐと，はこの 形に 組み立てる ことが できますか。図に かきましょう。
（例）

② ④と ⑤の 面を，左の 図の どこに つなぐと，はこの 形に 組み立てる ことが できますか。図に かきましょう。
（例）

P.67

17 はこの 形 はこの 形 (3)

● ひごと ねん土玉を つかって，下のような はこの 形を 作ります。

① どんな 長さの ひごが 何本ずつ いりますか。

長さ	4cm	5cm	3cm
本数	4本	4本	4本

② ねん土玉は 何こ いりますか。
（8）こ

17 はこの 形 はこの 形 (4)

● ひごと ねん土玉を つかって，下の ⑦と ④のような はこの 形を 作ります。よういする ひごと ねん土玉に ついて，答えましょう。

① どんな 長さの ひごが 何本ずつ いりますか。

⑦
長さ	7cm	4cm
本数	4本	8本

④（6）cmの ひごが（12）本

② ねん土玉は 何こ いりますか。
⑦（8）こ　④（8）こ

P.68

17 ふりかえり・たしかめ (1) はこの 形　なまえ　月　日

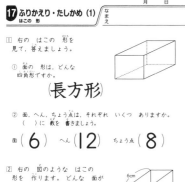

① 右の はこの 形を 見て，答えましょう。

① 面の 形は，どんな 四角形ですか。

（長方形）

② 面，へん，ちょう点は，それぞれ いくつ ありますか。（ ）に 数を 書きましょう。

面（ 6 ）　へん（ 12 ）　ちょう点（ 8 ）

② 右の 図のような はこの 形を 作ります。どんな 面が いくつ いりますか。（ ）に 数を 書きましょう。

3cm × 3cm が（ 2 ）

3cm × 6cm が（ 4 ）

17 ふりかえり・たしかめ (2) はこの 形　なまえ　月　日

① ①，②，③の 図を 組み立てると，右の どの はこに なりますか。線で むすびましょう。

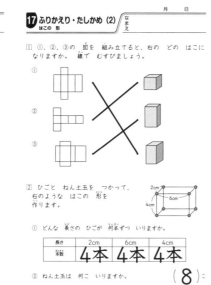

② ひごと ねん土玉を つかって，右のような はこの 形を 作ります。

① どんな 長さの ひごが 何本ずつ いりますか。

長さ	2cm	6cm	4cm
本数	4本	4本	4本

② ねん土玉は 何こ いりますか。

（ 8 ）こ

68

P.69

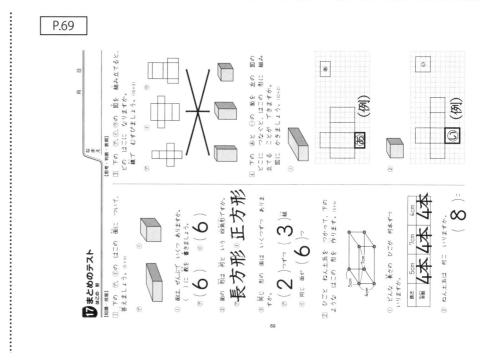

17 まとめのテスト はこの 形

【知識・技能】

① 下の ⑦，⑦，⑦の 図を 組み立てると，右の どの はこに なりますか。線で つないで むすびましょう。(10×3)

② 下の ⑦と つないだ 左の 図の 面を はこの 形に 組み立てると，⑦の 面は，はこの どこに きますか。図に かきましょう。(10×2)

【思考・判断・表現】

① 下の ⑦，⑦の はこの 面に ついて，答えましょう。(5×6)

① 面は ぜんぶで いくつ ありますか。（ ）に 数を 書きましょう。　⑦（ 6 ）　⑦（ 6 ）

② 面の 形は どんな 四角形ですか。　**長方形 正方形**

③ 同じ 形の 面は いくつずつ ありますか。　⑦（ 2 ）つずつ　⑦（ 3 ）組

④ 同じ 面が ⑦（ 6 ）つ

② ひごと ねん土玉を つかって，下の はこの 形を 作ります。(5×4)

① どんな 長さの ひごが 何本ずつ いりますか。

長さ	5cm	7cm	4cm
本数	4本	4本	4本

② ねん土玉は 何こ いりますか。（ 8 ）こ

69

P.70

計算れんしゅう (1) なまえ　月　日

① 46+29	② 56+18	③ 42+54	④ 72+8
75	74	96	80

⑤ 65+25	⑥ 39+31	⑦ 44+28	⑧ 7+34
90	70	72	41

⑨ 34+55	⑩ 9+63	⑪ 16+15	⑫ 68+14
89	72	31	82

⑬ 6+44	⑭ 88+8	⑮ 29+51	⑯ 8+31
50	96	80	39

計算れんしゅう (2) なまえ　月　日

① 29+41	② 47+8	③ 75+17	④ 14+52
70	55	92	66

⑤ 6+43	⑥ 73+17	⑦ 36+49	⑧ 9+73
49	90	85	82

⑨ 25+57	⑩ 35+45	⑪ 59+11	⑫ 67+7
82	80	70	74

⑬ 37+18	⑭ 64+26	⑮ 44+29	⑯ 47+44
55	90	73	91

⑰ 71+18	⑱ 4+78	⑲ 63+17	⑳ 37+49
89	82	80	86

70

P.71

計算れんしゅう (3) なまえ　月　日

① 53-34	② 77-5	③ 31-27	④ 80-44
19	72	4	36

⑤ 63-23	⑥ 91-88	⑦ 94-35	⑧ 32-14
40	3	59	18

⑨ 64-39	⑩ 73-67	⑪ 71-34	⑫ 96-59
25	6	37	37

⑬ 43-29	⑭ 92-78	⑮ 68-36	⑯ 80-42
14	14	32	38

計算れんしゅう (4) なまえ　月　日

① 66-58	② 61-29	③ 87-53	④ 80-61
8	32	34	19

⑤ 70-24	⑥ 36-33	⑦ 92-67	⑧ 90-53
46	3	25	37

⑨ 72-18	⑩ 83-35	⑪ 70-24	⑫ 53-26
54	48	46	27

⑬ 77-37	⑭ 55-18	⑮ 52-46	⑯ 92-42
40	37	6	50

⑰ 81-5	⑱ 82-64	⑲ 92-47	⑳ 27-18
76	18	45	9

71

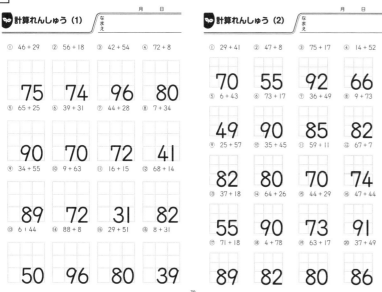
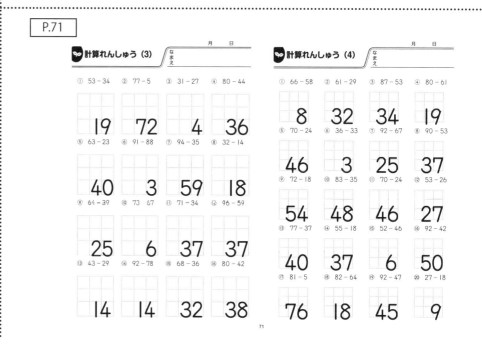

P.72

計算れんしゅう (5)　なまえ　月　日

① 56＋27　② 49＋22　③ 33＋48　④ 59＋25

83　71　81　84

⑤ 37＋33　⑥ 9＋46　⑦ 73＋24　⑧ 7＋57

70　55　97　64

⑨ 53－27　⑩ 65－59　⑪ 67－17　⑫ 91－65

26　6　50　26

⑬ 32－29　⑭ 70－8　⑮ 84－27　⑯ 91－66

3　62　57　25

計算れんしゅう (6)　なまえ

① 6＋35　② 78＋16　③ 79＋7　④ 29＋29

41　94　86　58

⑤ 57＋8　⑥ 38＋42　⑦ 69＋29　⑧ 18＋52

65　80　98　70

⑨ 73－68　⑩ 50－16　⑪ 74－25　⑫ 90－54

5　34　49　36

⑬ 79－6　⑭ 52－38　⑮ 67－19　⑯ 91－63

73　14　48　28

P.73

計算れんしゅう (7)　なまえ　月　日

① 52＋4　② 16＋78　③ 46＋26　④ 38＋58

56　94　72　96

⑤ 27＋63　⑥ 73＋24　⑦ 45＋27　⑧ 9＋78

90　97　72　87

⑨ 23＋58　⑩ 37＋43　⑪ 3＋57　⑫ 47＋26

81　80　60　73

⑬ 52－38　⑭ 55－29　⑮ 31－25　⑯ 92－7

14　26　6　85

⑰ 80－55　⑱ 70－21　⑲ 77－34　⑳ 45－28

25　49　43　17

計算れんしゅう (8)　なまえ

① 95－77　② 31－15　③ 70－36　④ 76－29

18　16　34　47

⑤ 92－84　⑥ 72－27　⑦ 81－5　⑧ 93－48

8　45　76　45

⑨ 56－40　⑩ 60－53　⑪ 55－19　⑫ 62－57

16　7　36　5

⑬ 69＋17　⑭ 23＋39　⑮ 17＋43　⑯ 52＋36

86　62　60　88

⑰ 48＋48　⑱ 16＋9　⑲ 28＋63　⑳ 8＋56

96　25　91　64

P.74

計算れんしゅう (9)　なまえ　月　日

① 55＋64　② 49＋74　③ 63＋38　④ 95＋39

119　123　101　134

⑤ 68＋67　⑥ 83＋63　⑦ 74＋39　⑧ 95＋27

135　146　113　122

⑨ 60＋80　⑩ 68＋99　⑪ 8＋93　⑫ 11＋99

140　167　101　110

⑬ 94＋86　⑭ 93＋72　⑮ 55＋55　⑯ 87＋15

180　165　110　102

計算れんしゅう (10)　なまえ

① 83＋59　② 32＋96　③ 42＋58　④ 36＋95

142　128　100　131

⑤ 84＋67　⑥ 29＋75　⑦ 77＋52　⑧ 81＋97

151　104　129　178

⑨ 92＋93　⑩ 89＋79　⑪ 68＋42　⑫ 92＋42

185　168　110　134

⑬ 63＋98　⑭ 22＋84　⑮ 66＋66　⑯ 79＋98

161　106　132　177

⑰ 68＋48　⑱ 8＋94　⑲ 35＋85　⑳ 99＋99

116　102　120　198

P.75

計算れんしゅう (11)　なまえ　月　日

① 148－76　② 133－52　③ 134－65　④ 154－87

72　81　69　67

⑤ 150－93　⑥ 145－73　⑦ 107－73　⑧ 100－67

57　72　34　33

⑨ 134－86　⑩ 114－39　⑪ 169－99　⑫ 132－76

48　75　70　56

⑬ 180－93　⑭ 107－69　⑮ 152－68　⑯ 132－37

87　38　84　95

計算れんしゅう (12)　なまえ

① 143－67　② 136－53　③ 171－73　④ 122－81

76　83　98　41

⑤ 162－87　⑥ 104－88　⑦ 178－95　⑧ 151－99

75　16　83　52

⑨ 100－43　⑩ 137－78　⑪ 121－68　⑫ 115－55

57　59　53　60

⑬ 152－97　⑭ 102－58　⑮ 175－84　⑯ 175－76

55　44　91　99

⑰ 147－62　⑱ 128－89　⑲ 132－84　⑳ 111－42

85　39　48　69

P.76

計算れんしゅう (13)

① 179-86	② 133-66	③ 135-79	④ 100-45
93	67	56	55

⑤ 102-7	⑥ 125-76	⑦ 125-53	⑧ 120-73
95	49	72	47

⑨ 167-80	⑩ 100-73	⑪ 103-8	⑫ 156-79
87	27	95	77

⑬ 121-73	⑭ 108-35	⑮ 133-64	⑯ 111-98
48	73	69	13

計算れんしゅう (14)

① 154-86	② 104-9	③ 107-78	④ 142-75
68	95	29	67

⑤ 110-22	⑥ 150-66	⑦ 134-52	⑧ 137-89
88	84	82	48

⑨ 102-95	⑩ 103-7	⑪ 112-93	⑫ 114-25
7	96	19	89

⑬ 157-69	⑭ 106-98	⑮ 101-8	⑯ 140-56
88	8	93	84

⑰ 175-98	⑱ 100-84	⑲ 122-85	⑳ 136-68
77	16	37	68

P.77

計算れんしゅう (15)

① 47+39	② 8+56	③ 76+97	④ 9+96
86	64	173	105

⑤ 38+3	⑥ 26+54	⑦ 38+25	⑧ 86+77
41	80	63	163

⑨ 26+35	⑩ 76+27	⑪ 48+65	⑫ 47+83
61	103	113	130

⑬ 23+88	⑭ 9+24	⑮ 73+28	⑯ 62+74
111	33	101	136

⑰ 64+89	⑱ 28+22	⑲ 49+89	⑳ 92+75
153	50	138	167

計算れんしゅう (16)

① 72-48	② 127-83	③ 96-77	④ 80-49
24	44	19	31

⑤ 82-62	⑥ 124-87	⑦ 109-64	⑧ 72-35
20	37	45	37

⑨ 111-36	⑩ 41-33	⑪ 121-27	⑫ 126-68
75	8	94	58

⑬ 102-85	⑭ 81-66	⑮ 150-74	⑯ 52-39
17	15	76	13

⑰ 64-27	⑱ 129-38	⑲ 144-88	⑳ 163-69
37	91	56	94

P.78

計算れんしゅう (17)

① 4×4 16	② 3×4 12	③ 2×6 12
④ 5×3 15	⑤ 4×6 24	⑥ 5×4 20
⑦ 3×9 27	⑧ 2×1 2	⑨ 5×2 10
⑩ 5×5 25	⑪ 4×7 28	⑫ 2×9 18
⑬ 5×8 40	⑭ 2×8 16	⑮ 4×2 8
⑯ 2×2 4	⑰ 4×3 12	⑱ 3×5 15
⑲ 3×3 9	⑳ 4×5 20	㉑ 3×8 24
㉒ 4×1 4	㉓ 5×1 5	㉔ 3×2 6
㉕ 2×4 8	㉖ 3×1 3	㉗ 4×8 32
㉘ 5×7 35	㉙ 5×9 45	㉚ 2×5 10
㉛ 4×9 36	㉜ 3×6 18	㉝ 2×3 6
㉞ 3×7 21	㉟ 5×6 30	㊱ 2×7 14

計算れんしゅう (18)

① 3×2 6	② 5×9 45	③ 2×2 4
④ 4×3 12	⑤ 3×9 27	⑥ 5×3 15
⑦ 5×4 20	⑧ 3×1 3	⑨ 3×4 12
⑩ 2×4 8	⑪ 5×1 5	⑫ 2×6 12
⑬ 4×6 24	⑭ 2×7 14	⑮ 4×2 8
⑯ 2×1 2	⑰ 4×4 16	⑱ 5×7 35
⑲ 5×2 10	⑳ 4×9 36	㉑ 3×8 24
㉒ 3×5 15	㉓ 2×8 16	㉔ 4×5 20
㉕ 4×1 4	㉖ 5×6 30	㉗ 2×9 18
㉘ 2×5 10	㉙ 3×6 18	㉚ 3×3 9
㉛ 5×8 40	㉜ 4×7 28	㉝ 2×3 6
㉞ 4×8 32	㉟ 3×7 21	㊱ 5×5 25

P.79

計算れんしゅう (19)

① 6×4 24	② 7×2 14	③ 9×2 18
④ 9×5 45	⑤ 7×6 42	⑥ 6×8 48
⑦ 8×2 16	⑧ 9×3 27	⑨ 8×8 64
⑩ 7×4 28	⑪ 9×9 81	⑫ 6×2 12
⑬ 8×3 24	⑭ 8×9 72	⑮ 7×1 7
⑯ 7×7 49	⑰ 6×5 30	⑱ 7×5 35
⑲ 8×7 56	⑳ 9×8 72	㉑ 8×5 40
㉒ 6×1 6	㉓ 7×9 63	㉔ 6×7 42
㉕ 8×6 48	㉖ 9×1 9	㉗ 8×1 8
㉘ 7×3 21	㉙ 9×4 36	㉚ 7×8 56
㉛ 9×6 54	㉜ 6×3 18	㉝ 9×7 63
㉞ 6×6 36	㉟ 8×4 32	㊱ 6×9 54

計算れんしゅう (20)

① 6×6 36	② 9×2 18	③ 7×6 42
④ 9×6 54	⑤ 6×5 30	⑥ 9×4 36
⑦ 6×8 48	⑧ 7×1 7	⑨ 8×6 48
⑩ 9×7 63	⑪ 7×5 35	⑫ 6×1 6
⑬ 6×2 12	⑭ 9×5 45	⑮ 8×4 32
⑯ 6×1 8	⑰ 7×9 63	⑱ 8×9 72
⑲ 8×5 40	⑳ 7×4 28	㉑ 9×9 81
㉒ 6×7 42	㉓ 9×1 9	㉔ 7×3 24
㉕ 8×7 56	㉖ 7×7 49	㉗ 6×9 54
㉘ 6×3 18	㉙ 8×2 16	㉚ 9×3 27
㉛ 7×2 14	㉜ 6×4 24	㉝ 7×8 56
㉞ 8×8 64	㉟ 7×3 21	㊱ 9×8 72

P.80

計算れんしゅう (21)

① 3×2 **6**	② 5×2 **10**	③ 4×7 **28**
④ 6×2 **12**	⑤ 3×8 **24**	⑥ 7×2 **14**
⑦ 5×8 **40**	⑧ 9×2 **18**	⑨ 5×1 **5**
⑩ 8×2 **16**	⑪ 4×3 **12**	⑫ 6×8 **48**
⑬ 5×4 **20**	⑭ 6×5 **30**	⑮ 8×4 **32**
⑯ 7×5 **35**	⑰ 4×4 **16**	⑱ 3×4 **12**
⑲ 2×3 **6**	⑳ 9×8 **72**	㉑ 6×9 **54**
㉒ 9×4 **36**	㉓ 5×3 **15**	㉔ 6×3 **18**
㉕ 3×6 **18**	㉖ 7×7 **49**	㉗ 3×9 **27**
㉘ 8×6 **48**	㉙ 1×1 **1**	㉚ 9×6 **54**
㉛ 7×4 **28**	㉜ 5×7 **35**	㉝ 4×9 **36**
㉞ 6×7 **42**	㉟ 8×7 **56**	㊱ 1×6 **6**

計算れんしゅう (22)

① 8×3 **24**	② 6×4 **24**	③ 4×2 **8**
④ 4×6 **24**	⑤ 9×9 **81**	⑥ 6×6 **36**
⑦ 2×2 **4**	⑧ 7×1 **7**	⑨ 3×7 **21**
⑩ 8×8 **64**	⑪ 5×5 **25**	⑫ 9×5 **45**
⑬ 2×8 **16**	⑭ 7×8 **56**	⑮ 2×7 **14**
⑯ 3×9 **27**	⑰ 7×3 **21**	⑱ 3×5 **15**
⑲ 2×4 **8**	⑳ 3×1 **3**	㉑ 7×6 **42**
㉒ 8×5 **40**	㉓ 4×5 **20**	㉔ 9×7 **63**
㉕ 5×6 **30**	㉖ 8×9 **72**	㉗ 1×2 **2**
㉘ 1×8 **8**	㉙ 4×8 **32**	㉚ 5×2 **10**
㉛ 9×7 **63**	㉜ 5×9 **45**	㉝ 4×1 **4**
㉞ 2×6 **12**	㉟ 3×3 **9**	㊱ 2×9 **18**

80

P.81

計算れんしゅう (23)

① 6×5 **30**	② 9×1 **9**	③ 4×3 **12**
④ 4×7 **28**	⑤ 7×4 **28**	⑥ 8×6 **48**
⑦ 8×9 **72**	⑧ 2×3 **6**	⑨ 7×5 **35**
⑩ 7×3 **21**	⑪ 6×6 **36**	⑫ 5×9 **45**
⑬ 9×6 **54**	⑭ 8×5 **40**	⑮ 4×8 **32**
⑯ 5×2 **10**	⑰ 7×6 **42**	⑱ 6×4 **24**
⑲ 3×4 **12**	⑳ 2×7 **14**	㉑ 3×8 **24**
㉒ 8×4 **32**	㉓ 3×5 **15**	㉔ 4×4 **16**
㉕ 7×8 **56**	㉖ 7×2 **14**	㉗ 6×7 **42**
㉘ 6×3 **18**	㉙ 9×7 **63**	㉚ 5×4 **20**
㉛ 3×5 **15**	㉜ 9×3 **27**	㉝ 9×5 **45**
㉞ 6×8 **48**	㉟ 6×2 **12**	㊱ 4×9 **36**
㊲ 9×2 **18**	㊳ 4×5 **20**	㊴ 8×2 **16**
㊵ 5×8 **40**	㊶ 7×9 **63**	㊷ 9×8 **72**
㊸ 4×2 **8**	㊹ 6×9 **54**	㊺ 7×1 **7**
㊻ 1×9 **9**	㊼ 8×3 **24**	㊽ 3×3 **9**
㊾ 9×4 **36**	㊿ 4×6 **24**	

計算れんしゅう (24)

① 3×9 **27**	② 6×5 **30**	③ 4×2 **8**	④ 8×3 **24**
---	---	---	---
⑤ 1×2 **2**	⑥ 5×2 **10**	⑦ 9×7 **63**	⑧ 3×2 **6**
⑨ 7×2 **14**	⑩ 2×1 **2**	⑪ 9×2 **18**	⑫ 1×4 **4**
⑬ 4×7 **28**	⑭ 9×4 **36**	⑮ 8×4 **32**	⑯ 4×8 **32**
⑰ 9×5 **45**	⑱ 1×6 **6**	⑲ 3×3 **9**	⑳ 5×9 **45**
㉑ 2×8 **16**	㉒ 6×6 **36**	㉓ 7×3 **21**	㉔ 6×1 **6**
㉕ 5×4 **20**	㉖ 1×9 **9**	㉗ 2×4 **8**	㉘ 1×7 **7**
㉙ 7×4 **28**	㉚ 3×4 **12**	㉛ 4×6 **24**	㉜ 3×7 **21**
㉝ 3×1 **3**	㉞ 9×8 **72**	㉟ 6×7 **42**	㊱ 9×1 **9**
㊲ 8×9 **72**	㊳ 4×5 **20**	㊴ 8×7 **56**	㊵ 2×3 **6**
㊶ 7×5 **35**	㊷ 9×9 **81**	㊸ 4×1 **4**	㊹ 8×8 **64**
㊺ 2×4 **8**	㊻ 3×5 **15**	㊼ 7×6 **42**	㊽ 1×8 **8**
㊾ 3×5 **15**	㊿ 5×7 **35**	⑤ 1×7 **7**	⑤ 9×7 **63**
⑤ 8×1 **8**	⑤ 2×5 **10**	⑤ 6×3 **18**	⑤ 3×8 **24**
⑥ 9×6 **54**	⑥ 6×2 **12**	⑥ 8×5 **40**	⑥ 1×1 **1**
⑥ 2×7 **14**	⑥ 1×5 **5**	⑥ 2×6 **12**	⑥ 2×8 **16**
⑥ 1×3 **3**	⑥ 7×7 **49**	⑦ 9×3 **27**	⑦ 5×6 **30**
⑦ 6×4 **24**	⑦ 3×6 **18**	⑦ 4×9 **36**	⑦ 7×8 **56**
⑦ 4×3 **12**	⑦ 8×6 **48**	⑦ 5×5 **25**	⑧ 6×9 **54**
⑧ 5×4 **20**			

81

P.82

2年のふくしゅう (1)

● つぎの 数を 数字で 書きましょう。

① 七百十 （ **710** ）

② 五千九 （ **5009** ）

③ 1000を 6こ，100を 8こ，10を 3こ，1を 9こ あわせた 数 （ **6839** ）

④ 百のくらいの 数字が 4，十のくらいの 数字が 0，一のくらいの 数字が 7の 数 （ **407** ）

⑤ 10を 65こ あつめた 数 （ **650** ）

⑥ 100を 70こ あつめた 数 （ **7000** ）

⑦ 1000を 10こ あつめた 数 （ **10000** ）

⑧ 1000より 100 小さい 数 （ **900** ）

2年のふくしゅう (2)

● ①，②，③の 数の線の いちばん 小さい 1めもりは いくつですか。
また，↑の めもりが あらわす 数を 書きましょう。

① いちばん 小さい 1めもり **10**

⑦ **150** ④ **380** ⑦ **520**

② いちばん 小さい 1めもり **1**

975 ⑦ **994** ④ **1002**

③ いちばん 小さい 1めもり **100**

⑦ **7500** ④ **8400** ⑦ **9900**

82

P.83

2年のふくしゅう (3)

● おり紙を 何まいか もって いました。
妹に 15まい あげたので，のこりが 18まいに なりました。おり紙は，はじめ 何まい ありましたか。

① （ ）に あてはまる ことばや 数を ┈┈ から 2つずつ えらんで 書いて，図を かんせいさせましょう。

はじめに あった **□** まい
（ **あげた** ）**15**まい
のこり18まい

┊ はじめに あった ・ あげた ・ □まい ・ 15まい ┊

② しきと 答えを 書きましょう。

しき **15＋18＝33**

答 **33まい**

2年のふくしゅう (4)

1 □に あてはまる ＞，＜，＝ を 書きましょう。

① 789 **＜** 791

② 9100 **＞** 9099

③ 48 **＝** 6×8

④ 8701 **＜** 8710

2 下の れいと 同じように，ひき算を して，その 答えの たしかめに なる しきを 書きましょう。

れい 58－23＝35 → （たしかめ）35＋23＝58

① 92－68 **24** →（たしかめ）**24＋68＝92**

② 132－75 **57** →（たしかめ）**57＋75＝132**

83

109

P.84

2年のふくしゅう (5)

① おり紙が 60まい あります。2年生の 28人に 1まいずつ くばると，何まい のこりますか。

しき $60-28=32$

答え 32まい

② 赤の チューリップは，42本 さいて います。白の チューリップは，それより 6本 少ないです。白の チューリップは 何本 さいて いますか。

しき $42-6=36$

答え 36本

③ 魚つりに行き，ひろしさんは 27ひき つりました。お兄さんは，ひろしさんより 8ひき 多く つりました。お兄さんが つった 魚は 何ひきですか。

しき $27+8=35$

答え 35ひき

2年のふくしゅう (6)

① ぼくじょうに，おすの 牛が 57頭，めすの 牛が 86頭 います。ぼくじょうの 牛は，ぜんぶで 何頭 ですか。

しき $57+86=143$

答え 143頭

② 86円の おかしを 買って 100円 はらいました。おつりは 何円ですか。

しき $100-86=14$

答え 14円

③ ひろみさんは，なわとびを 86回 とびました。お姉さんは，それより 48回 多く とびました。お姉さんは なわとびで 何回 とびましたか。

しき $86+48=134$

答え 134回

P.85

2年のふくしゅう (7)

① 1人に 4こずつ，5人に あめを くばります。あめは ぜんぶで 何こ いりますか。

しき $4\times5=20$

答え 20こ

② ミニトマトを 3パック 買いました。1パックには ミニトマトが 9こずつ 入って います。ミニトマトは ぜんぶで 何こに なりますか。

しき $9\times3=27$

答え 27こ

③ 車 1台に 6人ずつ のります。車 8台では，みんなで 何人 のれますか。

しき $6\times8=48$

答え 48人

④ バケツが 8こ あります。どの バケツにも 水を 7L 入れます。入れた 水は ぜんぶで 何Lに なりますか。

しき $7\times8=56$

答え 56L

2年のふくしゅう (8)

① 2年生 ぜんいんが 4れつに ならぶと，1れつは 8人ずつに なりました。2年生は みんなで 何人ですか。

しき $8\times4=32$

答え 32人

② 4mの ロープ 6本を 1れつに ならべました。

① ぜんぶで 何mに なりますか。

しき $4\times6=24$

答え 24m

② もう 1本 ふやすと，何m 長く なって，何mに なりますか。

（4）m 長く なって，（28）mに なる。

③ 1ふさに 8本 ついた バナナが 4ふさと，ばらの バナナが 3本 あります。バナナは ぜんぶで 何本 ありますか。

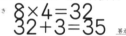

しき $8\times4=32$
$32+3=35$ 答え 35本

P.86

2年のふくしゅう (9)

① グループが 5つ あります。1つの グループは 9人ずつ です。みんなで 何人 いますか。

しき $9\times5=45$

答え 45人

② ミニトマトが きのうは 46こ，今日は 39こ とれました。あわせて 何こ とれましたか。

しき $46+39=85$

答え 85こ

③ リボンを 6人に 8cmずつ 切って わたします。リボンは ぜんぶで 何cm いりますか。

しき $8\times6=48$

答え 48cm

④ テープが 120cm あります。52cm つかいました。テープは 何cm のこって いますか。

しき $120-52=68$

答え 68cm

2年のふくしゅう (10)

① バスに 25人 のって います。つぎの バスていで 8人 おりて，14人 のりました。バスに のって いる人は 何人に なりましたか。

しき $25-8+14=31$

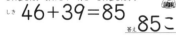
答え 31人

② 花 7本ずつで 花たばが 5たば できました。花は まだ 5本 のこって います。花は ぜんぶで 何本 ありますか。

しき $7\times5=35$
$35+5=40$

答え 40本

③ 1はこに えんぴつが 6本ずつ 入って いるのを，5はこ 買いました。そのうち 8本 つかいました。つかって いない えんぴつは，何本ですか。

しき $6\times5=30$
$30-8=22$
答え 22本

P.87

2年のふくしゅう (11)

① 下の 形の □の 長さは それぞれ 何cmですか。□に 数を 書きましょう。

① 長方形

6cm 9cm 6 9

② 正方形

8cm 8 8 8

② 右のような はこの 形について 答えましょう。

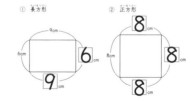

① ちょう点は いくつ ありますか。

（8）

② 4cmの へんは いくつ ありますか。

（4）

③ たて 6cm よこ 2cmの 面は いくつ ありますか。

（2）

2年のふくしゅう (12)

① つぎの 時計の 時こくを 書きましょう。また，その 時こくの 1時間前と 30分後の 時こくも 書きましょう。

①
時計の 時こく 2時30分(2時半)
1時間前 1時30分(1時半)
30分後 （3時）

②
時計の 時こく 4時45分
1時間前 3時45分
30分後 5時15分

③
時計の 時こく 7時50分
1時間前 6時50分
30分後 8時20分

② （ ）に あてはまる 数を 書きましょう。

① 1時間=（60）分 1時間15分=（75）分

③ 90分=（1）時間（30）分

P.88

2年のふくしゅう（13） なまえ　　月　日

① 左はしから，⑦～⑦，⑦～⑦までの 長さは，どれだけですか。

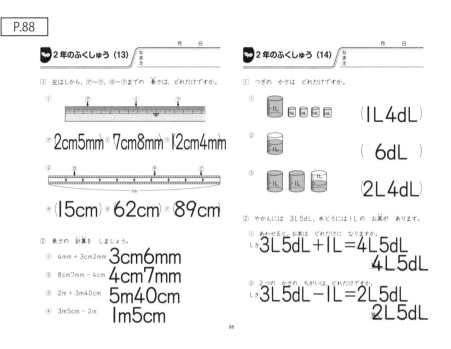

⑦ 2cm5mm　⑦ 7cm8mm　⑦ 12cm4mm

⑦ (15cm)　⑦ 62cm　⑦ 89cm

② 長さの 計算を しましょう。

① 4mm + 3cm2mm　3cm6mm
② 8cm7mm − 4cm　4cm7mm
③ 2m + 3m40cm　5m40cm
④ 3m5cm − 2m　1m5cm

88

2年のふくしゅう（14） なまえ　　月　日

① つぎの かさは どれだけですか。

① （1L4dL）
② （6dL）
③ （2L4dL）

② やかんには 3L5dL，水とうには 1L の お茶が あります。

① あわせると，お茶は どれだけに なりますか。

しき 3L5dL＋1L＝4L5dL

4L5dL

② 2つの かさの ちがいは，どれだけですか。

しき 3L5dL−1L＝2L5dL

2L5dL

P.89

2年のふくしゅう（15） なまえ　　月　日

① （　）にあてはまる 数を 書きましょう。

① 1cm = (10) mm　　② 3cm5mm = 35 mm
③ 1m = 100 cm　　④ 1m8cm = 108 cm
⑤ 1L = (10) dL　　⑥ 1L5dL = (15) dL
⑦ 1L = 1000 mL　　⑧ 1dL = 100 mL

② （　）にあてはまる たんいを 書きましょう。

① きゅう食の 牛にゅうの かさ‥‥‥‥‥ 200 (mL)
② 教室の つくえの 高さ‥‥‥‥‥ 65 (cm)
③ やかんに 入る 水の かさ‥‥‥‥‥ 4 (L)
④ 学校の ろうかの はば‥‥‥‥‥ 3 (m)
⑤ 1円玉の あつさ‥‥‥‥‥ 1 (mm)

89

2年のふくしゅう（16） なまえ　　月　日

● すきな くだものを しらべました。

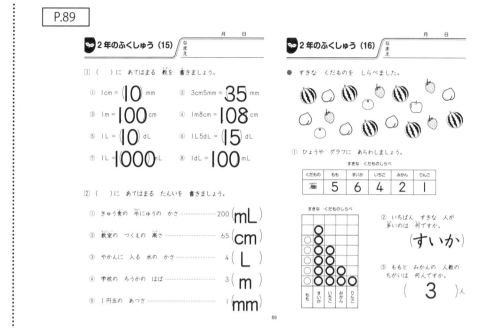

① ひょうや グラフに あらわしましょう。

すきな くだものしらべ

くだもの	もも	すいか	いちご	みかん	りんご
人数	5	6	4	2	1

すきな くだものしらべ

② いちばん すきな 人が 多いのは 何ですか。

（すいか）

③ ももと みかんの 人数の ちがいは 何人ですか。

（ 3 ）人

111

教科書にそって 学べる

算数教科書プリント　2年 ②
東京書籍版

2023 年 3 月 1 日　　第 1 刷発行

イ ラ ス ト：山口 亜耶 他
表紙イラスト：鹿川 美佳
表紙デザイン：エガオデザイン
執 筆 協 力 者：新川 雄也
企 画・編 著：原田 善造・あおい えむ・今井 はじめ・さくら りこ・中 あみ
　　　　　　　中 えみ・中田 こういち・なむら じゅん・はせ みう
　　　　　　　ほしの ひかり・堀越 じゅん・みやま りょう（他 4 名）
編 集 担 当：川瀬 佳世

発　　行　　者：岸本 なおこ
発　　行　　所：喜楽研（わかる喜び学ぶ楽しさを創造する教育研究所：略称）
　　　　　　　〒604-0827　京都府京都市中京区高倉通二条下ル瓦町 543-1
　　　　　　　TEL　075-213-7701　FAX　075-213-7706
　　　　　　　HP　https://www.kirakuken.co.jp
印　　　　　刷：創栄図書印刷株式会社

ISBN:978-4-86277-376-0

Printed in Japan

喜楽研 WEB サイト
書籍の最新情報（正誤表含む）は
喜楽研 WEB サイトをご覧下さい。

学校現場では，本書ワークシートをコピー・印刷して児童に配布できます。
学習する児童の実態にあわせて，拡大してお使い下さい。